中華養生文化及
健康長壽之道

廖 忠 俊 編著

文史哲出版社印行

國家圖書館出版品預行編目資料

中華養生文化及健康長壽之道 / 廖忠俊編著.
臺北市：文史哲，民 106.10
頁； 公分
參考書目： 頁
ISBN 978-986-314-395-6（平裝）

1.中醫 2.養生 3.健康法

413.21 106019507

中華養生文化及健康長壽之道

編著者：廖 忠 俊
出版者：文 史 哲 出 版 社
http:// www.lapen.com.tw
e-mail：lapen@ms74.hinet.net
登記證字號：行政院新聞局版臺業字五三三七號
發行人：彭 正 雄
發行所：文 史 哲 出 版 社
印刷者：文 史 哲 出 版 社
臺北市羅斯福路一段七十二巷四號
郵政劃撥帳號：一六一八〇一七五
電話886-2-23511028・傳真886-2-23965656
實價新臺幣三〇〇元

民國一〇六年（2017）十月初版

ISBN 978-986-314-395-6 41106

李董事長推薦序

民國六十九年，擔任臺南家專（現今臺南應用大學）校長時，延聘忠俊兄前來任教；因他教學認真風趣，待人真摯誠懇，深得學生敬佩，同仁推重；轉眼間，已有三十七年的長遠情誼了。

忠俊兄這三十六年來，一直在大學專兼任教職，不曾間斷，難能可貴。在大學學術殿堂上用心教學之餘，又勤於研究，常利用週休二日與寒暑假，博覽群籍，寫作著述，為文信實雅達，尤能兼顧嚴謹專業與普及庶民化，個人內心十分欣賞感佩！

多年來，承他看重我的著作《悠然集・健康篇》內的〈健康新生活〉，〈三個半分鐘與三個半小時〉，〈健康十巧強身良法〉，〈不老的秘訣〉，〈乾隆帝的養生與長壽〉等篇且身體力行，而有近日新作編著的《中華養生文化及健康長壽之道》；出版之前，求序於我，乃樂於向讀者大眾極力推荐這本佳作。

李福登（東方設計大學董事長）
（國立高雄餐旅大學創校校長）

劉校長推薦序

本書編著者廖忠俊教授是東吳大學畢業生，長期擔任過系友會的會長。我因曾任東吳大學校長，因而與廖教授熟識，深知他在公餘博覽群書，並勤於著作。廖教授離開公職後在東吳兼課，因而有機會偶而見面。他總自稱「弟子」，其實我不過虛長幾歲，聞道授業略早數年，哪裡敢當？

廖教授每有新作，總盛情親自送我一冊。現今放在書架上的就有《臺灣茶葉史地與人文》、《臺灣鄉鎮舊地名考釋》、《臺灣的媽祖宮與觀音寺古蹟》、《臺灣風雲家族人物》及《史記漢書概說》等數冊，都深入淺出，內容豐富而通暢宜讀。

現今廖教授又編著《中華養生文化及健康長壽之道》一書，前三章介紹古代醫藥名著，其次歷述諸名家所發展的養生文化，末章綜述養生健康長壽之道。我得先睹為快，深感本書博古通今，有極充分而有用的資訊；年輕人及一般庶民讀之，必受益良多，而有助增進健康。

該書出版在即，乃樂為之序。

劉源俊
（東吳大學名譽教授　前校長）

紀董事長推薦序

我有幸三連任共九年（民國七〇－七九年）的立法委員，在一九九〇年一月十八日，從政最後一次立法院院會的「告別演說」上，我以感性的語氣，向新舊委員懇託，希望委員們為歷史留下紀錄，能在行政院設置「體育（運動）委員會」，當時贏得極過半數委員的支持和連署。

離開國會立法院之後，我依然不忘初衷，一直關注著它的成立。經過努力向前長跑，民國八六年（一九九七），我在本書編著者廖先生的積極從旁鼎力協助（在程序委員會排定組織條例法案及教育委員會的審議），終於使「行政院體育委員會組織條例」能在同年十二月三〇日於立法院三讀通過。

欣聞舊屬廖教授編著的新書《中華養生文化及健康長壽之道》即將出版，請我寫序言，我很欣然答應而樂於為之序。

（財團法人希望基金會董事長）

感謝辭

本書得以順利編著出版，筆者要衷心感謝恩師學者與前輩專家的指導教誨和殷切勉勵。

感謝恩師黃教授兆強的指正修潤初稿且惠示卓見提議，弟子感激於心。

感恩東方設計大學李董事長福登（也是國立高雄餐旅大學創校校長）；東吳大學現任名譽教授，劉前校長源俊；「飛躍的羚羊」，全國田徑協會永久名譽理事長，現任財團法人希望基金會董事長紀政姊的恩賜推薦序文，使得本書為之增添許多光彩。

謝謝學棣為我文章繕打，節省許多寶貴心力時間，恩情感記在心。筆者才疏學淺，或所難免有疏漏之處，懇請大雅君子有以教正為荷。

廖忠俊 於民國一〇六年中秋佳節

中華養生文化及健康長壽之道

目次

第一章 緒 論

養生健康長壽，是古往今來人類共同追求的美好願望。

道家教義《太平經》云：「人居天地間，人人僅得一生，不得重生爾。」

《抱朴子・內篇》〈至理〉：「夫人所重者，莫急乎生。」

明代著名養生家**龔廷賢**（註一）於其代表作《**壽世保元**》說：「天下至寶，孰有重於性命者乎？天下大事，孰有過於生死者乎？人莫不好生也，人莫不惡死也。」

天下人因為重視性命，愛好生命，所以追求探索養生文化，以達健康長壽。

人類透過養生，到底可以長壽到幾歲？在中華養生文化中，現存最早，影響至深且遠的第一部醫學養生鉅著《**黃帝內經・素問**》（共八十一篇）的第一篇記載，黃帝問於歧伯天師曰：「余聞上古之人，春秋皆度百歲，而動作不衰……歧伯對曰，上古之人，**法於陰陽**，和於術數，**食飲有節**，**起居有常**，**不妄作勞**，故能形與神俱，而盡終其**天年**，度**百歲**乃去。」

魏晉「竹林七賢」之一的**嵇康**，於其名作《**養生論**》開頭提及：「世或云上壽百二十」。

陶弘景《養性延命錄》：「彭祖曰，養之得理當壽一百二十歲。」《尚書》〈**洪範篇**〉：「**五福**：**一壽**，二富，三康寧，四修好德，五考終命〔善終〕」，長壽排序在「五福臨門」的第一位。可知，通過養生，人們可以追尋養生長壽，而且壽命可達一百至一百二十歲，這也就是臺灣人喜歡祈福他人的吉祥話：「祝您長命百歲，呷百廿。」

所謂「**養生**」的「**養**」指保養、培養、修養、滋養、補養、調養、頤養，養護、養身、養心、養性、養志、養氣、養形、養神、養和；「**生**」是生命、生長、生存、生活、生育，遵生、攝生、保生、護生、衛生、厚生、長生、久生而生機蓬勃，生生不已之意。

中華養生文化源遠流長，歷史悠久；由於，生、長、青春、中壯、老、病、死，乃人類生命的自然規期理律，即《漢書》〈文帝紀〉所謂：「死者，天地之理，物之自然。」

於是，透過不斷的思想、探索，人們盼望經由養生「**治未病**」來推遲老化，延緩衰亡，希圖健身難老，高壽長命，這就永遠成為帝王庶民追求的永恆共同目標。

在中華歷史恆久實踐經驗中求證，日積月累出思想理論且發揚光大，著述出版產生了不少醫藥養生家及其名著，吾人從正史廿五史及相關醫藥學書籍，可以看出得知，諸如：

《史記》：凡一百三十卷，第一卷「著為本紀之首」的〈五帝本紀〉，首記「黃帝」；另有〈孔子世家〉，〈老子（兼敘莊子）〉、〈扁鵲（秦越人）倉公（淳于意）〉等醫藥、飲食養生家傳記。

《漢書》：〈藝文志〉記載《**黃帝內經**》，《（老子）道德經》，《莊子》，《呂（不韋）氏春秋》，《淮南（劉安）內外篇》等養生書籍。

《後漢書》：〈方術傳〉敘載有**華佗**。

《三國志》：〈方技傳〉亦登錄華陀。

《晉書》：〈列傳〉十九嵇康，二十一皇甫謐，四十二**葛洪**。

《梁書》：〈處士傳〉敘錄醫藥養生家**陶弘景**。

《北齊書》：卷四十五有〈顏之推列傳〉。

《南（朝）史》：〈隱逸傳〉登載有陶弘景。

《北（朝）史》：敘錄有〈顏之推傳〉。

《隋書》：〈經籍志〉有《老子道德經》，《莊子》，**葛洪**《**抱朴子**（**內**外篇）》，嵇康《養生論》，劉安《淮南子》，《黃帝內經・素問》，《**神農本草**（**經**）》，《吳普本草》，《陶隱居（弘景）本草》，《**陶弘景本草經集注**》等。

《舊唐書》：〈經籍志・醫術類〉記載《黃帝內經・素問》，《神農本草》，《吳（普）氏本草》，陶弘景《名醫別錄》、《本草經集注》，《（唐・蘇敬）新修本草》等。

《新唐書》：〈隱逸〉有**孫思邈**、陸羽列傳，〈方技〉載錄甄權、甄立言兄弟傳記。

《宋史》：〈藝文志〉登錄（唐・**王冰**，注）《**黃帝內經素問**》，**張仲景**《傷寒論》，巢元方《諸病源候論》，孫思邈《**千金**（**要**）**方**》、《**千金翼方**》，唐慎微《証類（備急）本草》，**陳直**《**奉親**

養老書（一卷）》等。

《金史》：〈列傳〉六十九劉完素（河間）、張從正（子和）傳記。

《元史》：〈方技傳〉載錄有李杲（東垣）。

《明史》：〈藝文志〉記敘張介賓（景岳）《類經》，**李時珍**《**本草綱目**》，徐春甫《古今醫統》，繆西雍《本草經疏》；〈方技〉又列〈李時珍傳〉。

《清史稿》：〈志〉第一百二十二，載有曹廷棟《老老恆言》。

《新元史》：〈列傳〉登載李杲、**朱震亨**（**丹溪**）傳。再者，宋・張杲，《醫說》卷一〈三皇歷代名醫〉記錄：炎帝神農氏、黃帝、歧伯、雷公、扁鵲、倉公、張機（仲景）、華陀、葛洪、陶弘景、孫思邈、孟銑、王冰（啓玄子）等傳；卷二〈醫書〉登載《黃帝內經素問》，《神農本草》等；卷九敘述〈養生修養調攝〉。

明・**徐春甫**《**古今醫統大全**》敘錄黃帝、扁鵲、淳于意、張仲景、華陀（與弟子吳普）、葛洪、陶弘景、王冰、王懷隱，劉完素、張從正、李杲、朱丹溪（震亨）金元四大家等。

清・康熙《古今圖書集成》〈醫部全錄・醫術名流列傳〉有歧伯、雷公、扁鵲、淳于意、張仲景、華陀、葛洪、孫思邈、王冰、孟銑、唐慎微、王懷隱、林億、張從正、劉完素、李杲、朱震亨、李時珍、**龔廷賢**、李中梓、徐春甫、張介賓（景岳）等傳。

清・乾隆《四庫全書》〈醫家類〉載錄王冰《黃帝素問》，張機《**金匱要略**》，孫思邈《千金要方》，陳直《壽親養老書》，唐慎微《証類草本》，朱震亨《格致餘論》，李時珍《本草綱目》，吳謙等，《御定醫學金鑒》，徐大椿（靈胎）《醫學源流論》等。

細讀以上正史與醫藥專門著作，吾人綜觀歸納，體認其最重要而影響後世至為深遠的養生文化健康長壽書冊及養生家有：《**黃帝**

內經素問》，《**神農本草經**》，**華陀**暨其「五禽戲」，**張機**（仲景）養生觀，**葛洪**暨其《**抱朴子內篇**》，**陶弘景**暨其《本草經集注》與〈養性延命錄〉，**孫思邈**暨其《千金方》，**陳直**《**養老壽親書**》及**鄒鉉**《**壽親養老新書**》，**朱震亨**《**格致餘論**》與**忽思慧**《**飲膳正要**》；李時珍暨其《**本草綱目**》，**曹庭棟**（**慈山**）暨其《**老老恒言**》等，此即拙作本書所擬撰寫編著者。又，由於古籍多為文言，難以推廣教育庶民大眾；所以，本書之寫作敘述，儘力做到能兼顧學術專業性及普及可讀性，祈請前輩先進，方家名師指導教正。

另者，本書強調著重在「養生文化健康長壽」之道，對於「藥方」、「針刺（經）」，筆者才疏學淺，資質不夠，不敢也無以論及；一者，非研習中（西）醫之一般人，非至少五年七載，甚至更長久時間及深遠功夫，難以專攻深入；二者，性命至上，人命關天，事涉他人生命安全，至為重大，不得輕忽！務必謹慎，謙冲為懷。

以「藥方」而言，明．李中梓《醫學必讀（十卷）》，卷之一〈四大家論〉：

仲景張機，守真劉完素，東垣李杲，丹溪朱震亨，其所立言方醫林最重，名曰四大家，以其各自成一家言。總之闡《內經》之要旨，發前人之未備……讀其（四先生）言，考其方，但補前人之未備，以成一家言。

相反地，清代《徐靈胎（大椿）先生醫書全集》卷一〈醫學源流論．四大家論〉：

明人有四大家之說，指**張仲景**、劉河間、李東垣、朱丹溪四人，謂為千古醫宗，此真無知妄談也。夫仲景先生，乃千古集大成之聖人〔**醫聖**〕，猶儒宗之孔子。河間東垣，乃一偏之學，丹溪不過斟酌諸家之言，而調停去取；三子之于仲景，未能望見萬一，乃躋而與之並稱，豈非絕倒？如儒家漢唐諸子之流，亦斷斷不可與孔子並列，況三人哉……劉耑崇《內經》而實不能得其精義；朱則未見本原；東垣意見偏而方法亂。

同樣論及金元（劉、李、朱）三家，徐靈胎（大椿）與李中梓之論斷評語，絕然不同，相差千里！

此亦即清．曹庭棟（慈山）《老老恒言》卷二〈慎藥〉所言：方藥之書，大抵各有所偏，同一藥，而地之所產各殊；同一病，而人之稟氣又異。更有同一人，同一病，同一藥，而前後施治，有效有不效；乃欲於揣摩彷彿中，求其必當，良非易事。

吾人於「針刺（經）」，亦如同「方藥」，關乎生命，務必慎重，懇請藥方針醫專家學者，垂察鑒諒為禱！

註一：龔廷賢（一五二二－一六一九），出生醫藥世家，享有高壽九十八歲，代表著作《壽世保元》，凡十卷，第二卷有〈飲食〉、〈嗜酒喪身〉篇。

第二章 《黃帝內經・素問》

《黃帝內經》是中國現存最古早而內容豐富，影響極為深遠的一部醫學鉅著。它對答闡述人體生理、病理、診療、經脈、預防（治未病）、養生，思想涵蓋道、儒、醫、陰陽五行等，為後世醫家所宗，成為詳讀參考，汲取不盡的醫家理論源泉。

據歷代學者專家長久考證，《黃帝內經》是戰國時期至秦漢（西漢）之間，多位醫家編集、補充、匯總而成，非成於一時一人之手，且托名黃帝所著。

班固《漢書藝文志》是最早提出《黃帝內經》的「正史」史書，唯西漢劉向劉歆父子總錄群書的《七略》（含方技略）已有提及，故有學者稱，《內經》在西漢時已成書。

〈藝文志．方技類〉記載有《黃帝內經》十八卷、《外經》，《扁鵲內經》、《外經》，《白（百）氏內經》、《外經》，《旁篇》等醫經七家。

托名黃帝所著的緣由是，華人習以「厚古薄今」，「尊遠輕近」，（如古道熱腸、古樸質實、古早味。）

人們厚古尊遠遙奉三皇（伏羲、神農、黃帝）五帝（黃帝、顓頊、帝嚳、堯、舜）。孔子在《論語》〈泰伯篇〉稱讚：「大哉！唯堯則之！」又子曰：「巍巍乎！舜禹之有天下也。」此即華人所稱「堯天舜日」。

司馬遷在「正史」二十五史的第一史《史記》首篇〈五帝本紀〉稱述：「黃帝，名軒轅，生而神靈，弱（稚）而能言，幼而徇齊，長而敦敏，成而聰明。」

《黃帝內經》後分《素問》與《靈樞》兩部分，各九卷八十一篇，合共十八卷一百六十二篇。《靈樞》原名《九卷》，後稱《針經》（因著重強調針刺經脈），而《素問》一直沿用此名。《靈樞》術語繁雜深奧，晦澀難懂，所以自古以來，論注《靈樞》者少，而注釋《素問》者多。

《黃帝內經》最早的注本是隋代楊上善的《黃帝內經太素》，唯**唐代**太樸**王冰**（註一）蒐集、整編、注釋《**黃帝內經・素問**》，為後代引讀宗本。其後，有宋代林億的《補注黃帝內經素問》，元代滑壽《讀素問鈔》，明代張景岳（介賓）《類經》、李中梓《內經知要》，清代張志聰《黃帝內經素問集注》、汪昂（訒菴）《素問靈樞類纂約注》等注本。

「**素問**」兩字的意旨為，「**素**」指「本質」，人體本來樸質；「**問**」指黃帝與其侍醫大臣岐伯等的問答（所以尊稱中醫為岐黃之術）；亦即，養護人體「**內**」生命的基本醫學「**經**」論要旨問答。《黃帝內經．素問》論述人身生理、病因、診療、治法、養生等。全書八十一篇，每篇大多獨立論述，一篇中論及一個或幾個醫療問答。

《素問》除了「針刺經脈」相關論篇，其內容主要闡論四大方面：

一、四時陰陽五行：

運用四時陰陽五行之相制輔成規律，闡述人體生理病理、診療、預防、養生等基本醫學觀念，諸如：

有真人者，把握陰陽，呼吸精氣，故能壽比天地，此其道生；有至人者，和於陰陽，調於四時，積精全神，此蓋益其壽命而強者也，亦歸於真人。其次有賢人者，從陰陽，別

四時，亦可使益壽而有極時。（第一篇）

故陰陽四時者，萬物之終始也，死生之本也。從陰陽則生，逆之則死。是故聖人不治已病，治未病；不治已亂，治未亂。夫病已成而後藥之，亂已成而後治之，譬如渴而穿井，鬪而鑄錐（兵器），不亦晚乎？（第二篇）

陰陽者，天地之道也。萬物之綱紀，變化之父母，生殺之本始，神明之府也，治病必求於本。天有四時五行，以生寒、暑、燥、濕、風。人有五臟，化五氣，以生喜、怒、悲、憂、恐。故喜怒傷氣，喜怒不節，生乃不固。（第五篇）

夫人生於地，懸命於天。人能應四時者，天地為之父母，知萬物者，謂之天子；天有陰陽，人有虛實，能經天地陰陽之化者，不失四時。（第二十五篇）

是故邪氣者，常隨（春夏秋冬）四時之氣血而入客也；至其變化，不可為度。然必從其經氣，辟除其邪，除其邪則亂氣不生。（第六十四篇）

《內經》中醫理論，因極重視強調陰陽「五」行，所以，人體之**五臟**（**肺心肝脾腎**），**五官**（耳鼻口舌眼），五志（喜怒憂思恐），五氣（風暑濕寒燥），**五色**（**黃、青、赤、黑、白**），**五味**（**酸甘苦辛鹹**）等，都和「五」行相關連。

二、注重強調精、神、血氣和津液：

內經對於人體的精，神，血氣，津液，非常重視，諸如：

精者，身之本也（第四篇）

以因天時而調血氣也，是謂得時而調之。（第二十六篇）

故養神者，必知血氣之盛衰；血氣者，人之神，不可不謹養（第二十六篇）

精是生殖下一代的本基，神乃血中精氣，故「得神者昌，失神者亡。」

人有精氣、津液、四肢五臟；夫心藏神，肺藏氣，肝藏血，脾藏肉，腎藏志；五臟之道，皆以行血氣，血氣不和，百病乃變化而生。（第六十二篇）

黃帝曰：人之所有者，血與氣耳。（第六十二篇）

《內經》認為人體中有真氣（因飲食物之水穀氣海與天空之氣通過呼吸而相合的氣），臟氣（於五臟六腑的氣），經氣（在經脈中的氣），營氣（乃泌其津液，化注血脈，營養五臟六腑之氣），衛氣（是溫潤肌膚，柔緻腠理，以發洩汗液和防衛外邪作用之氣），營在中內，衛在外，陰陽相貫。

津液是由食水穀變化產生，散布於人體全身，有保持五臟六腑滑潤，轉動滑利四肢關節的作用。

三、研討答問臟腑經絡：

《內經》問答探討人身**五臟**（肺、心、肝、脾、腎）**六腑**（胃、小腸、大腸、膽、膀胱、三焦）及經絡血脈之生理功能、病理變化及其相互關係等主要內容：

> 心者，君主之官也，神明出焉。肺者，相傅之官，治節出焉。肝者，將軍之官，謀慮出焉。膽者，中正之官，決斷出焉。脾胃者，倉廩之官，五味出焉。大腸者，傳道之官，變化出焉。小腸者，受盛之官，化物出焉。腎者，作強之官，

伎巧出焉。三焦者，決瀆之官，水道出焉。膀胱者，州都之官，津液藏焉。（第八篇）

心者生之本，神之變也。肺者，氣之本，魄之處也。腎者，主蟄封藏之本，精之處也。肝者，罷極（極度疲勞）之本，魂之居也，以生血氣。脾胃大腸小腸三焦膀胱者，倉廩之本，營之居也。凡十一臟（腑），取決於膽也。（第九篇）

五臟者，藏精氣；六腑者，傳化物；胃者水穀之海，六腑之大源也。五味入口，藏於胃以養五臟氣；是以五臟六腑之氣味，皆出於胃。五氣入鼻，藏於心肺。

五臟者，中之守也；得守者生，失守者死。五臟者，身之強也；腰者腎之府，轉搖不能，腎將憊矣。得強則生，失強者死。（第十七篇）

五臟者，皆是稟氣於胃，胃者，五臟之本也。（第十九篇）

胃者，六腑之海；胃不和，則臥不安。腎者水藏，主津液，主臥與喘也。（第三十四篇）

肺主身之皮毛，心主身之血脈，肝主身之筋膜，脾主身之肌肉，腎主身之骨髓。肺者臟之長（位高居胸上）也，為心之蓋也。（第四十四篇）

刺中心，肝，腎，肺，脾，死。（第五十二篇）

五臟者，故得六腑與為表裏。（第六十二篇）

刺傷人五臟中心，肝，肺，腎，脾，必死。（第六十四篇）

四、養生健康長壽：

經由飲食有節（**五穀五果五畜五味**，慎食，留意食禁；少食，謹和五味等），起居有常，恬憺無為，散步運動，**避免五勞（久視、久臥、久坐、久立、久行）**、邪風等，養生健康長壽：

食飲有節，**起居有常**，**不妄作勞**，故能形與神俱，而盡終其天年，度百歲乃去。（第一篇）

夜臥早起，廣步於庭，被髮（披髮不戴冠）緩行，養生之道也。（第二篇）

味過於酸、鹹、甘、苦、辛……是故謹和五味，骨正筋柔，氣血以流，湊理以密，如是則骨氣以精，長有天命。（第三篇）

身體輕強，老者復壯，壯者益治；是以聖人為無為之事，樂恬憺之能從欲（隨心所欲）快志於虛無之所，故壽命無窮，與天地終。（第五篇）

天食（養）人以五氣，地食人以五味；五氣入鼻，藏於心肺；五味入口，藏於腸胃；味有所藏，以養五氣，氣和而生，津液相成，神乃自生。（第九篇）

多食鹹、苦、辛、酸、甘，則……此五味之所傷也。（第十篇）

肝受血而能視，足受血而能步，掌受血而能握，指受血而能攝（抓持）。（第十篇）

人以水穀為本，故人絕水穀則死。（第十八篇）

五穀為養，**五果**為助，**五畜**為益，**五菜**為充；氣味合而服之，以補精益氣。此五者，有辛酸甘苦鹹，各有所利。（第二十二篇）

五味所禁，辛走氣，鹹走血，苦走骨，甘走肉，酸走筋，是謂五禁，無令多食。（第二十三篇）

久視傷血，久臥傷氣，久坐傷肉，久立傷骨，久行傷筋，是謂五勞所傷。（第二十三篇）

怒則氣逆，甚則嘔血及飧泄（氣逆下痢），故氣上矣。悲則心系急，恐則精卻，驚則心無所倚，神無所歸，慮無所定；勞則喘息氣耗。（第三十九篇）

風之傷人也，善行而數變；故風者，百病之始也，百病

之長也；至其變化，乃為他病（誘發各種疾病）也。（第四十二篇與第六十篇）

喜怒不節，則陰氣（肝氣）上逆。（第六十二篇）

清・陳念祖（修園）有云：「醫之始，本岐黃，靈樞作，素問詳。」

黃帝曰：聖人之術，為萬民式；循經守數，接循醫事，為萬民副（輔助）。又曰：可以長久，以教眾庶，醫道論篇，可傳後世，可以為寶。（註二）大哉斯言！

《黃帝內經》是中華第一部醫學理論真經寶典，被尊崇為「**醫書之祖**」，它也是第一部關於人身精神生命的百科全書，更是中華文化中第一部的**養生健康長壽**書冊。

注一：王冰，唐代醫學家，因慕道家玄學，字號「啓玄子」，注重養生，得高壽，其鉅著《黃帝內經・素問》是全面注釋《內經》的極佳注本。

註二：《黃帝內經・素問》，第七十七與第七十五篇。

第三章 《神農本草經》

《神農本草經》，是中華文化最早的藥物學專書，它收集成書的年代，約於戰國末期至秦漢（含東漢）年代；因此書並無登錄在班固的《漢書・藝文志》內，其書首載於（南朝）梁・阮孝緒的《七錄》及《隋書・經籍志》中。

《經籍志》記載《神農本草經》、《吳普本草》及《陶隱居（弘景）本草》（名醫別錄）與《陶弘景本草經集注》等。

再者，書內多載寫「久服神仙輕身不老延年」用語，蓋受東漢當時道家教義思想的影響所致。

就如同《黃帝內經》一樣，《神農本草（經）》一書托名「神農」氏——上古傳說的「炎帝」，為中華農業及本草藥學之祖，被尊稱為「藥神」。

漢代劉安《**淮南子**》〈修務訓〉：「**世俗之人**，多尊古而賤今，**故為道者必托之於神農、黃帝而後能入說**。」又云：「**神農乃始教民播種五穀**，**嘗百草之滋味**，水泉之甘苦；當此之時，一日而遇七十毒。」

且因**此書共收錄草藥**（兩字上「頭」皆從「艸」，所以草藥又稱「草頭」）**三百六十五種**，其中**本草植物藥**二百五十二種佔最多（動物藥六十七種，礦物藥四十六種），故以「**本草**」稱書名。

要之，《神農本草經》蓋非成於一時一人之手，約為秦漢以來許多本草藥學家搜集、實證、載錄，至東漢時代才整理編次成書。

《神農本草經》分上、中、下三卷，首言：**上品**藥為君，主養命以應天，無毒，多服久服不傷人，可輕身益氣，不老延年。**中品**

藥為臣，主養性以應人，無毒或有毒，斟酌其宜，可遏病補虛羸（瘦弱）。**下品**藥為佐使，多毒，主治病（以毒攻毒），不可久服。

藥有君臣佐使，以相宣攝合和；藥有單行者，有相須、相使，相畏、相惡、相反、相殺等七情合和；當用相須、相使良者；勿用相惡相反者；若有毒宜制，可用相畏相殺者，不爾，勿合用也。

藥有酸咸甘苦辛五味，又有寒熱溫涼四氣。

藥性有宜丸者，宜散者，宜水煮者，宜酒浸者，宜膏煎者，亦有一物兼宜者，並隨藥性，不得違越。

以下錄介《本草經》著名至要且吾人一般可尋而宜珍攝，養生之食療本草藥物。

靈芝（有青、赤、黃、白、黑、紫六芝）：主明目、補肝氣、安精魂、益心氣、益脾氣、強志意，利關節，安神益精，堅筋骨，美顏色，久食輕身，不老延壽。

甘草：主治五臟六腑寒熱邪氣，堅筋骨，長肌肉，倍力。

人參：主補五臟，安精神，定魂魄，止驚悸，明目，開心益智。

薏以仁：主治筋急拘攣不可屈伸，風濕痺，輕身益氣。

車前子：主治利水道小便，止痛，除溼痺，輕身耐老。

決明子：主治目眼，久服益精光，輕身。

黃芪：主治敗瘡，排膿止痛，補虛，小兒百病。

乾姜：主治咳嗽上氣，溫中，出汗，逐風濕痺，生者尤良。

茯苓：主治胸逆氣，憂驚恐，心結痛，口焦舌乾，利小便，安魂養神，延壽。

杜仲：主治腰膝痛，補中益精氣，堅筋骨，強志，除陰下癢濕，小便餘瀝，輕身耐老。

枸杞：主治五內邪氣，熱中消渴，堅筋骨，輕身耐老，一名地骨。

龍眼：主治五臟邪氣，安志，厭食；強魂，聰明，安神，輕身不老。

阿膠：主治心腹內崩，勞極，腰腹痛，四肢酸疼，女子安胎，輕身益氣。

石蜜（蜂蜜）：主治心腹邪氣，安五臟，益氣補中，止痛解毒，除眾病，和百藥，久服強志，輕身不老。

蒲陶（**葡萄**）：益氣倍力強志，肥健耐飢，輕身不老延壽，可作酒。

大棗：安中養脾，助十二筋，通九竅，補少氣少津液，四肢重，和百藥，久服輕身長壽。

櫻桃：主調中，益脾氣，令人好顏色，美志。

胡麻（**黑芝麻**）：補五內，益氣力，長肌肉，補腦髓，久服輕身不老。

繼《神農本草經》後，歷代針對此書而集注、新修、証類、衍義本草者，在李時珍《本草綱目》之前，以梁・陶弘景《本草經集注》（本書第七章將另專章介紹），唐・蘇敬等人《新修本草》，宋・唐慎微《經史証類備急本草》，宋・寇宗奭《本草衍義》，元・王好古（海藏）《湯液本草》，明・陳嘉謨《本草蒙筌》為最佳，流傳廣遠。

唐高宗（太宗子，李治）顯慶四年（公元六五九），由大臣長孫無忌領銜帶領蘇敬等二十二人所編輯而成的《新修本草》（又稱《唐本草》），為唐以前本草藥物學成就之總結。

此書開頭序言：「天地之大德曰生，運陰陽以播物；含靈之所保曰命，資育以盡年……詔臣〔長孫〕無忌等二十二人與蘇敬詳撰，上禀神規，下詢眾議，普頒天下，營求藥物，無遠不臻，有名咸萃，詳探秘要，博綜方術，考其同異，擇其去取，庶以網羅今古，開滌耳目，盡醫藥之妙極，拯生靈之性命，傳萬世而不朽。」

以下概介此書所載養生養身健康長壽之著名本草藥物：

六芝（青赤黃白黑紫）皆仙草，久食輕身不老，延壽。

乾地黃：填骨髓，長肌肉，主男子五勞，女子傷中；利大小腸；補五臟不足，通血脈，益氣力，利耳目，生者（生地黃）尤良，久服輕身不老，延壽。

王不留行：主金瘡，止血，逐痛出刺，除風痺內寒，止心煩；久服輕身，耐老，增壽。

杜仲：主治腰脊痛，補中益氣，堅筋骨，強志，除陰下癢濕，小便餘瀝；久服輕身難老。

枸杞：主五內邪氣，風溼，堅筋骨，強陰，利大小腸；久服耐寒暑，輕身難老。

龍眼：味甘，主療五臟邪氣，安志厭食，強魂，益智，聰察，久服輕身不老。

人乳汁：主補五臟，令人肥白悅澤：張倉恆服人乳，故年百歲餘。

石蜜（蜂蜜）：安五臟，補中益氣，除眾病，和百藥，養脾氣，除心煩，明耳目，久服強志，輕身，不老，延壽。

大棗：安中養脾，助十二經氣，補中益氣，和百藥，除煩悶，補虛，久服輕身長壽。

葡萄：味甘，主筋骨濕痺，益氣倍力，強志，令人肥健，久服輕身不老，延壽。

胡麻（黑芝麻）：味甘，補五內，益氣力，長肌肉，填腦髓，堅筋骨，明耳目，久服輕身不老，延壽。

宋代醫藥學家**唐慎微**《**經史証類備急本草**》，成書於北宋哲宗元祐元年（公元一〇八六），在中華醫藥史上，佔有一席之位，為宋代本草醫藥之極高成就者。

此書有麻革信之推介序：「書成，囑為序引，余謂人之所甚重生也，衛生之資，所甚急者藥也……養老慈幼之家，固當家置一本，况掌醫者之流乎？而其論著，自梁·陶隱居，唐宋以來諸人備矣。」

又有太醫學臣曹孝忠奉敕撰序：「蜀人唐慎微，近以醫術稱，因本草經，衍以証類，兼收併錄，其義明，其理博，覽之者，可以洞達，此書實可垂濟。」

此書記載主要引用書目有《孔子家語》，《淮南子》，《抱朴子》，《內經·素問》，《吳（普）氏本草》，《唐本草》，《千金方》，《孫真人（思邈）食忌》，《孫真人枕中記》，《本草衍義》等。

《証類本草》所載錄主要養生健康長壽本草藥物為：

甘草（國老）：「味甘，主五臟六腑寒熱邪氣，堅筋骨，長肌肉，倍力，溫中除煩，通血脈，利血氣，解百毒，久服輕身延壽。」

車前子：「利水道小便，除溼痺，養肺，強陰益精，明目，久服輕身耐老。」

昆布：「**主治癭瘤聚結（甲狀腺）**。」

何首烏：「昔有何能嗣者，因慕道術，上山，見奇異本草，山老曰：神仙之藥；服數月，強健，疾癒，髮烏容（顏）少，數年生子，名延秀；秀生子首烏，首烏之名，因此而得，生數子，年百餘歲，髮黑。」「何首烏，益心氣，**黑鬍髮**，悅顏色，久用長筋骨，益精髓，不老，延壽。」

鹿茸：「補虛勞羸（弱）瘦，腰脊痛，補男子腰腎虛冷，腳膝無力，女人崩中；益氣強志，生齒不老。」

粳米：「主益氣，止煩，平和五臟，補益胃氣，堅筋，通血脈，補腸胃，其功莫逮。」

宋徽宗（趙佶）政和六年（一一一六），醫官寇宗奭成書《本草衍義》。

此書重梓版本有陸心源撰序：「《本草衍義》為宋代藥材通直郎〈官名〉撰，因考諸家〈本草〉，參以目驗，拾遺糾謬，著為此書；皆能實事求是，疏通証明，洵乎《本草》之功臣，醫藥之津筏也。」

〈序例〉中言：「人之生，實陰陽之氣所聚，人以天地之氣生；精、氣、神，人之大本，智者養其神，惜其氣，以固其本；養身須以外術保救，《本草經》於是興焉，欲窮保救之事，《衍義》於是存焉，以使盡臻壽域；養心之道未可忽也，聰明賢達之士掌之，則病無不濟，醫無不功。」

《本草衍義》內，關乎補身養生者有：

人乳汁：有治目之功，因人心生血，肝藏血，肝受血則能視；

又曰：上則為乳汁，下則為月水。老人患口瘡不能飲，飲人熱乳良。

大棗：甘美輕脆，益脾胃；調和胃氣，為奇果。

木瓜：益筋血，病腰腎腳膝無力，此物不可缺也。

粳米：平和五臟，補益胃氣，其功莫逮。

《湯液本草》是元代本草醫藥家王好古（海藏）所著，成書於元代世祖忽必烈至元年間；此書主要參考運用金元名醫藥家張元素（潔古）之《珍珠囊引經佐使》及張之弟子李杲（東垣）《藥類法象》、《用藥心法》來分析論述。

此書序言：「世皆知《素問》為醫之祖，而不知軒岐之書實出於《神農本草》也。殷〔商〕**伊尹**用《**本草**》為**湯液**，漢仲景廣《湯液》為大法；予集是書，復以《本草》正條……《湯液本草》，源出於（張元素）潔古老人《珍珠囊》也。其間議論，出新意於法度之中，注奇辭於理趣之外，見聞一得，久弊全更，不特藥品之咸精，亦疾病之不誤，夭橫不至，壽域可期，其《湯液本草》矣。」

《本草蒙筌》為明代陳嘉謨於明世宗嘉靖五年（一五二五）所出本草書籍。筌者，補取魚具也，漁人因筌而得魚；蒙者，使本草童蒙能習熟，亦即，便於初學，名曰「蒙筌」。

書序：「凡諸本草，各有相宜地產，氣味功用，自異尋常；諺云：一方風土養萬民，是亦一方地土出方藥也。攝生之士……《書》曰：慎厥始，圖厥終，此之謂夫。」

此書載述以下著名本草藥物：

甘草：因味甘甜，故名；長肌肉，健脾胃，**解百毒**，**和諸藥**，**人尊之「國老」**，久服輕身，延壽耐老。

薯蕷（山藥）：治諸虛百損，療五勞，補中益氣，長肌肉，久服耐老延壽。

何首烏：長筋骨，悅顏色，益血氣，止心疼，久服添精，原名

「夜交藤」，因**何翁**服之，**頭白髮轉黑**，**故名**「**何首烏**」。

枸杞子：明目聰耳，安神，健骨強筋，滋陰興陽，輕身延壽。

茗茶：清頭目，醒腦，逐痰解渴，利小便，消脂肪。

胡麻：原出「胡」地大宛，張騫帶種歸中土，得名；填腦髓，堅筋骨，益氣力，明目，長肌膚，不老延壽。

酒：味辛，氣大熱，有毒。**少飲有節**，**通血脈**，**稱佳釀**；別稱「狂藥」，**多飲令人損身亂性**，**腐腸爛胃**，**傷神減壽**。

蔥：味辛，調和五味，但戒與（蜂）蜜同啖。

柿：味甘，潤心肺，止咳，但戒與蟹同食。

決明子：收目淚，止目疼，為明目仙丹。

車前子：益精強陰，利水道，延年耐壽。

葡萄：味甘，張騫自西域得種攜入中土，利小便，倍力強志，釀酒佳，久香。

龍眼：味甘，歸脾，安志，聰明除健忘，久服輕身耐老。

牡蠣：海族中之上品，美顏、細膚，益精，調血氣。

總之，《神農本草經》植定了中華本草文化的基礎，歷代的增補，注疏，修正，甚為繁富，亦即，《神農本草經》始終立於原創核心地位。

第四章 神醫華佗的養生文化及五禽戲

華佗，字元化，東漢末期三國時代，沛國譙（屬今安徽亳縣）人，是一位具有醫藥絕技的著名神醫。

他遊學遍歷安徽、江蘇、河南等地，通曉醫經養性養生之術，時人以為仙；淡泊名利，無意功名仕途，潛心醫術救濟活人，沛相陳珪舉孝廉，太尉董琬辟（徵召為官），皆不就任。

他精於藥方，懷有絕技，其驗神準，被尊稱「**神醫**」，功術如同扁鵲；發明創用「麻沸散」實行全身麻醉，外科手術成功，堪稱人類醫用麻醉術之先驅。又深諳《黃帝內經》，「不治已病治未病」之醫療理論，創制**「五禽戲」**運動體育，模仿虎、鹿、熊、猨（猿）、鳥（鶴鳥）的肢體動作，強身健體以養生，防病於未然。

他的治病養生學經驗豐富，傳授給及門弟子吳普（史書載有《吳普本草》）、樊阿、李當之等學生，皆得其絕學而有成就。

當時魏王曹操患有「頭風」目眴心亂病狀，久聞華佗醫術高超，召陀親診治病，稍癒；華氏不願為專政的曹操侍候，托妻病急，歸鄉；曹操數召回，不返；曹操大怒，及收付獄訊。陀被拘獄中，臨終，出一卷書冊與獄吏，曰：「此可以活人！」獄吏畏法不敢收受，陀不勉強，索火燒之。及後，曹操愛子倉舒病困，操歎曰：「吾悔殺華陀，令此兒彊（活活的）死也。」

正史二十五史中之《後漢書．方術列傳》與《三國志．魏書方技傳》皆登載有華陀傳記，兩史書互有補充，可見華陀之醫藥神技及其中華養生文化上的重要地位與影響之廣大深遠。（中華史上的醫藥家，只有華陀、陶弘景及唐代藥王孫思邈，因精湛醫藥，地位重要，影響後世廣遠而各有兩史書記傳。相反地，「正史」中卻查看不到有東漢著名「醫聖」張機（仲景）的列傳，可謂「嘖嘖怪事」也。）

以下，謹提供載錄於《後漢書．方術列傳》與《三國志．魏書方技傳》中之〈華陀列傳〉，以便讀者閱讀。

華陀字元化，沛國譙人也，遊學徐土，兼通數經。曉養性之術，年且百歲而猶有壯容，時人以為仙。沛相陳珪舉孝廉，太尉黃琬辟，皆不就。

精於方藥，處齊不過數種，針灸不過數處。若疾發結於內，針藥所不能及者，乃令先以酒服麻沸散，既醉無所覺，因刳破腹背，抽割積聚。若在腸胃則斷截湔洗，除去疾穢，既而縫合，傅以神膏，四五日創傷愈，一月之間皆平復。

陀嘗行道，見有病咽塞者，因語之曰：「向來道隅有賣餅人，蒜齋甚酸，可取三升飲之，病自當去。」既如陀言，立吐一蛇，乃懸於車而候陀。時陀小兒戲於門中，逆見，自相謂曰：「客車邊有物，必是逢我翁也。」及客進，顧視壁北，懸蛇以十數，乃知其奇。

又有一郡守篤病久，陀以為盛怒則差病除。乃多受其貨而不加功。無何棄去，又留書罵之。太守果大怒，令人追殺陀，不及，因瞋恚，吐黑血數升而愈。

又有疾者，詣陀求療，陀曰：「君病根深，應當剖破腹。然君壽亦不過十年，病不能相殺也。」病者不堪其苦，必欲除之，陀遂下療，應時愈，十年竟死。

廣陵太守陳登忽患胸中煩懣，面赤，不食。陀脉之，曰：「府君胃中有蟲，欲成內疽，腥物所為也。」及作湯二升，再服，須臾，吐出三升許蟲，頭赤而動，半身猶是生魚膾，所苦便愈。陀曰：「此病後三期當發，遇良醫可救。」登至期疾動，時陀不在，遂死。

曹操聞而召陀，常在左右。操積苦頭風眩，陀針，隨手而差。

有李將軍者，妻病，呼陀視脈。陀曰：「傷身而胎不去。」將軍言聞實傷身，胎已去矣。陀曰：「案脈，胎未去也。」將軍以為不然。妻稍差百餘日復動，更呼陀。陀曰：「脈理如前，是兩胎。先生者去，血多，故後兒不得出也。胎既已死，血脈不復歸，必燥著母脊。」乃為下針，并令進湯。婦因欲產而不通。陀曰：「死胎枯燥，埶不自生。」使人探之，果得死胎，人形可識，但其色已黑。陀之**絕技**，皆此類也。

去家思歸，乃就操求還取方藥，因托妻疾，數期不反。操累書呼之，又敕郡縣發遣，陀恃能厭事，猶不肯至。操大怒，使人察之，知妻詐疾，乃收付獄訊，考驗首服。荀彧請曰：「陀方術實工，人命所懸，宜加全宥。」操不從，竟殺之。陀臨死，出一卷書與獄吏，曰：「此可以活人。」吏畏法不敢受，陀不強與，索火燒之。

初，軍吏李成苦欬，晝夜不寐。陀以為腸癰，與散兩錢服之，即吐二升膿血，於此漸愈。乃戒之曰：「後十八歲，疾當發動，若不得此藥，不可差也。」復分散與之。後五六歲，有里人如成先病，請藥甚急，成愍而與之，乃故往譙更從陀求，適值見收捕，意不忍言。後十八年，成病發，無藥而死。

廣陵吳普、彭城樊阿皆從陀學。普依準陀療，多所全濟。陀語普曰：「**人體欲得勞動，但不當使極耳**。動搖則穀氣得銷，血脈流通，病不得生，譬猶戶樞，終不朽也。是以古之仙者為**導引**之事，熊經鴟顧，引挽腰體，動諸關節，以求難老。吾有一術，名**五禽之戲**：一曰**虎**，二曰**鹿**，三曰**熊**，四曰猨（**猿**），五曰**鳥**。亦以除疾，兼利蹄足，以當導引。體有不快，起作一禽之戲，怡而汗出，因已著粉，身體輕便而欲食。」普施行之，年九十餘，耳目聰明，牙齒完堅。

阿善針術，而病皆瘳。阿從陀求方可服食益於人者，陀授以漆葉青黏散：言久服，去三蟲，利五臟，輕體，使人頭不白。阿從其言，壽百餘歲。漆葉處所而有。青黏生於豐、沛、彭城及朝歌間。

以下為《三國志．方技》〈華陀列傳〉：

華陀字元化，沛國譙人也，遊學徐土，兼通數經。沛相陳珪舉孝廉，太尉黃琬辟，皆不就。曉養性之術，時人以為年且百歲而貌有壯容。又精方藥，其療疾，合湯不過數種，煑熟便飲，語其節度，舍去輒愈。若當灸，不過一兩處，每處不過七八灸，病亦應除。若當針，亦不過一兩處，下針言「當引某許，若至，語人。」病者言「已到」，應便拔針，病亦行差病除。若病結積在內，針藥所不能及，當須刳割者，便飲其麻沸散，須臾便如醉死無所知，因破取。病若在腸中，便斷腸湔洗，縫腹膏摩，四五日差，不痛，人亦不自寤，一月之間，即平復矣。

故甘陵相夫人有娠六月，腹痛不安，陀視脈，曰：「胎已死矣。」使人手摸知所在，在左則男，在右則女，人云「在左」，於是為湯下之，果下男形，即愈。

縣吏尹世苦肢煩，口中乾，不欲聞人聲，小便不利。陀曰：「試作熱食，得汗則愈；不汗，後三日死。」即作熱食而不汗出，陀曰：「臟氣已絕於內，當啼泣而絕。」果如陀言。

府吏兒尋、李延共止，俱頭痛身熱，所苦正同。陀曰：「尋當下之，延當發汗。」或難其異，陀曰：「尋外實，延內實，故治之宜殊。」即各與藥，明旦並起。

鹽瀆嚴昕與數人共候陀，適至，陀謂昕約：「君身中佳否？」昕曰：「自如常。」陀曰：「君有急病見於面，莫多飲酒。」坐畢歸，行數里，昕卒頭眩墮車，人扶將還，載歸家，中宿死。

故督郵頓子獻得病已差，詣陀視脈，曰：「尚虛，未得復，勿為勞事房事，御內即死。臨死，當吐舌數寸。」其妻聞其病除，從百餘里來省之，止宿交接，中間三日發病，一如陀言。

督郵徐毅得病，陀往省之。毅謂陀曰：「昨使醫曹吏劉租針胃管訖，便苦咳嗽，欲臥不安。」陀曰：「刺不得胃管，誤中肝也，食當日減，五日不救。」遂如陀言。

東陽陳叔山小男二歲得疾，下利大便常先啼，日以羸困。問陀，陀曰：「其母懷軀，乳中虛冷，兒得母寒，故令不時愈。」陀與四物女宛丸，十日既除。

彭城夫人夜之廁，蠆螫其手，呻呼無賴。陀令溫湯近熱，漬手其中，卒可得寐，但旁人數為易湯，湯令煖之，其旦既愈。

軍吏梅平得病，除名還家，家居廣陵，未至二百里，止親人舍。有頃，陀偶至主人許，主人令陀視平，陀謂平曰：

「君早見我，可不至此。今疾已結，促去可得與家相見，五日卒。」應時歸，如陀所刻。

陀行道，見一人病咽塞，嗜食而不得下，家人車載欲往就醫。陀聞其呻吟，駐車往視，語之曰：「向來道邊有賣餅家蒜齏大酢，從取三升飲之，病自當去。」既如陀言，立吐蛇一枚，懸車邊，欲造陀。陀尚未還，小兒戲門前，逆見，自相謂曰：「似逢我公，車邊病是也。」疾者前入坐，見陀北壁此蛇輩約以十數。

又有一郡守病，陀以為其人盛怒則差，乃多受其貨而不加治，無何棄去，留書罵之。郡守果大怒，令人追捉殺陀。郡守子知之，屬使勿逐。守瞋恚既甚，吐黑血數升而愈。

又有一士大夫不快，陀云：「君病深，當破腹取。然君壽亦不過十年，病不能殺君，忍病十歲，壽俱當盡，不足故自刳裂。」士大夫不耐痛癢，必欲除之。陀遂下手，所患尋差，十年竟死。

廣陵太守陳登得病，胸中煩懣，面赤不食。陀脈之曰：「府君胃中有蟲數升，欲成內疽，食腥物所為也。」即作湯二升，先服一升，斯須盡服之。食頃，吐出三升許蟲，赤頭皆動，半身是魚膾也，所苦便愈。陀曰：「此病後三期當發，遇良醫乃可濟救。」依期果發動，時陀不在，如言而死。

太祖（曹操）聞而召陀，陀常在左右。太祖若頭風，每發，心亂目眩，陀針鬲，隨手而差。

李將軍妻病甚，呼陀視脈，曰：「傷娠而胎不去。」將軍言：「實傷娠，胎已去矣。」陀曰：「案脈，胎未去也。」將軍以為不然。陀舍去，婦稍小差。百餘日復動，更呼陀，陀曰：「此脈故事有胎。前當生兩兒，一兒先出，血出甚多，後兒不及生。母不自覺，旁人亦不寤，不復迎，遂不得生。胎死，血脈不復歸，必燥著母脊，故使多脊痛。今當與湯，并針一處，此死胎必出。」湯針既加，婦痛急如欲生者。陀曰：「此死胎久枯，不能自出，宜使人探之。」果得一死男，手足完具，色黑，長可尺所。

陀之**絕技**，凡此類也。後太祖親理，得病篤重，使陀專視。陀曰：「此近難濟，恆事攻治，可延歲月。」陀久遠家思歸，因曰：「當得家書，方欲暫還耳。」到家，辭以妻病，數乞期不反。太祖累書呼，又敕郡縣發遣。陀恃能厭食事，猶不上道。太祖大怒，使人往檢。若妻信病，賜小豆四十斛，寬假限日；若其虛詐，便收送之。於是傳付許昌獄，考驗首服。荀彧請曰：「陀術實工，人命所懸，宜含宥之。」遂考竟陀。陀臨死，出一卷書與獄吏，曰：「此可以活人。」吏畏法不受，陀亦不彊，索火燒之。陀死後，太祖頭風未除。太祖曰：「陀能愈此。」及後愛子倉舒病困，太祖歎曰：「吾悔殺華陀，令此兒彊死也。」

初，軍吏李成苦欬嗽，晝夜不寤，時吐膿血，以問陀。陀言：「君病腸臃，欬之所吐，非從肺來也。與君散兩錢，當吐二升餘膿血訖，快自養，一月可小起，好自將愛，一年便健。十八歲一小發，服此散，亦行復差。若不得此藥，故當死。」復與兩錢散，成得藥去。五六歲年，親中人有病如成者，謂成曰：「卿今彊健，我欲死，何忍無急去藥，以代不祥？先持貸我，我差，為卿從華陀更索。」已故到譙，適值陀見收，忽忽不忍從求。後十八歲，成病竟發，無藥可服，以至於死。

廣陵吳普、彭城樊阿皆從陀學。普依準陀治，多所全濟。陀與普曰：「**人體欲得勞動，但不當使極爾**。動搖則穀氣得消，血脈流通，病不得生，譬猶戶樞不朽是也。是以古之仙者為導引之事，熊經鴟顧，引挽腰體，動諸關節，以求難老。吾有一術，名五禽之戲，一曰虎，二曰鹿，三曰熊，四曰猨，五曰鳥，亦以除疾，兼利蹄足，以當導引。體中不快，起作一禽之戲，沾濡汗出，因上著粉，身體輕便，腹中欲食。」普施行之，年九十餘，耳目聰明，齒牙完堅。阿善針術，而病輒皆瘳。阿從陀求可服益人者，陀授以漆葉青黏散，言久

> 服去三蟲，利五臟，輕體，使人頭不白，阿從其言，壽百餘歲，漆葉處所而有，青黏生於豐、沛、彭城及朝歌云。

《宋史》〈藝文志〉卷一六〇「醫藥家」載有華陀《藥方》一卷。又，世傳華陀著有《中藏經》，或以為弟子吳普及樊阿依華氏所囑而輯成；或甚以為後人托名而作；此《經》多循《黃帝內經》醫療理論敘述。

華陀「五禽戲」之五禽，指虎、鹿、熊、猨（猿）、鳥（鶴鳥）；戲指遊耍運動；即模仿上述五禽之動作，來運動鍛鍊身心之功法。

用模仿禽獸肢體動作而健身養生者，最早出自於《莊子・刻意篇》：「吹呴呼吸，吐故納新，熊經鳥申，為壽而已矣；此導引之士，養形之人，彭祖壽考者之所好也。」漢初，淮南劉安《淮南子・精神訓》亦言：「是故真人之所遊，若吹呴呼吸，吐故納新，熊經鳥申，鳧浴蝯躩（盤跳），鴟視虎顧，是養形之人也。」

前引《後漢書・方術列傳》〈華陀傳〉，陀語普曰：人體欲得勞動，但不當使極耳；動搖則穀氣得銷，血脈流通，病不得生，譬猶戶樞，終不朽也。是以古之仙者為導引之士，熊經鴟顧，引挽腰體，動諸關節，以求難老。吾有一術，名五禽之戲：一曰虎，二曰鹿，三曰熊，四曰猨（猿），五曰鳥（鶴鳥）；亦以除疾，兼利蹄足，以當導引，體有不快，起作一禽之戲，怡而汗出，因以著粉，身體輕便而欲食。普施行之，年九十餘，耳目聰明，齒牙完堅。

「五禽戲」健身養生要旨，首先要精神專注，屏除雜念，全身自然放鬆，用「腹式呼吸法」，以鼻吸氣，用嘴呼氣。精神清靜則涵養真氣，行氣以調經脈血絡，動形而強筋骨，滑利肢體關節，以強健身心養生。

虎戲在模仿老虎之善用爪力與搖首擺尾，鼓舞全身運動，達致打通督脈，益筋骨，強腰腎之功效。**鹿**戲乃模仿鹿之靈活跳躍，舒展筋骨，通經絡，行血脈之作用。**熊**戲則模仿熊之沈穩縱前，動靜調和，得益血氣，健脾胃之功用。**猿**戲是模仿猿猴之機警輕巧，鍛鍊身軀之靈活運動，以達獲身輕不老，健身養生延壽效果。鳥（**鶴**），即模仿鶴之輕翔舒跳，調和血氣，疏通經脈，利潤關節筋骨，希期盼望如松「鶴」之延年長壽。

總之，鍛鍊「五禽戲」之功法，在學練虎之強健，鹿之靈躍，熊之沉穩，猿之輕巧，鶴之輕翔，漸次達到身體輕便，耳聰目明，除疾兼利，病不得生之「不治已病治未病」的養生健康長壽之道。

第五章 醫聖張機的醫藥養生文化

張機，字仲景，南陽（屬今河南南陽）人，為東漢末年卓越而偉大的醫藥學家，著有《傷寒（雜病）論》，確立了中華醫藥「**辯證論治**」的理論思想體系，成為中醫臨床醫學的開山祖宗，一千八百多年來，影響造就出歷代祖述的名醫，被認為是集「醫」藥大成之「聖」人，尊稱為「**醫聖**」，如同儒家之尊崇「至聖」孔子一樣。

張機資質聰敏，篤實好學，博通經書，尤嗜好醫藥之學術，年輕時曾拜同郡張伯祖為師學習醫藥；因潛心勤奮向學，故能盡得其師所傳，更且青出於藍而勝於藍，當時人讚美他識用精微勝過其師。或傳張機曾擔任過長沙太守，所以後人稱之「張長沙」，其名著**《傷**

寒（雜病）論》被後世重梓刊行時，也有以東漢張長沙之作者名出刊。

仲景出生於東漢末年，此時政治黑暗，時起兵禍，生靈塗炭，橫屍遍野，疫情流行，幾乎家家戶戶號泣哀喪。

根據《傷寒（雜病）論》原序文，仲景家族原有二百多餘人口，自建安（東漢獻帝年號之一，公元一九六至二一九）之後，不到十年，族人死去三分之二，當時重大疫病流行，死者因「傷寒」病症而亡者，佔了十分之七，於是，乃推源《黃帝內經》之要旨，兼用殷商伊尹之《湯液論》且發揮煎藥方法，而著作《傷寒論》發行於世。

同時代的神醫華佗，得此書而讀，曰：此真救活人書也。仲景又著有**《金匱玉函要略方》**，被認為是千古醫藥方之宗師，家戶誦讀學習，如讀書人之研讀「六經」一般；但范曄的《後漢書》竟沒有為張機列傳，所以君子有所遺憾焉。

明代《醫史》作者李濂（別號嵩渚子）於此書卷之六，有〈張仲景補傳〉乙篇（註一），總算彌補了這個缺憾。

《宋史・藝文志》則登錄有張仲景《傷寒論》。

按《傷寒雜病論》原本十六卷，其中十卷論「傷寒」，六卷論「雜病」，因三國魏晉年間，戰亂頻仍，此書散佚。至西晉醫家王叔同勤加蒐集整編，析出「雜病」部分為《金匱要略》；至宋代仁宗時，翰林學士王洙於館閣中發現《金匱玉函要略方》；其後，刪去「傷寒」部分，由林億等人增補定名為《金匱要略方論》，明代，復將《傷寒論》與《金匱要略》合輯為《仲景全書》刊行於世。

《傷寒雜病論》是中華醫藥文化中，醫理方法最意賅完備，「辯證論治」理論，亦療效卓著，醫藥家奉為醫經藥方指針圭臬，為羣「方」之祖，萬「法」之宗，用於臨床醫治，驗證神效，因視其書為經典寶書，其人乃被尊奉為「醫聖」。

以下謹錄提供李濂《醫史》〈張仲景補傳〉，以饗讀者。（註二）

張機，字仲景，南陽人也，學醫術於同郡張伯祖，盡得其傳。工於治療，尤精經方，遂大有時譽。漢靈帝時舉孝廉，官至長沙太守。少時與同郡何顒，客游洛陽，顒探知其學，謂人曰：「仲景之術，精於伯祖，起病之驗，雖鬼神莫能知之，真醫事之**神醫**也。」

嘗見侍中王仲宣（王粲），仲景曰：「君年至四十，當有疾，須眉脫落，脫落後半年必死，宜豫服五十湯，庶幾可免。」仲宣時年二十余，聞其言惡之，雖授方而不飲。居數日後，見仲景乃佯曰：「五石湯已飲之矣。」仲景曰：「觀君氣色，非飲藥之診，何輕命欺人如此耶！」仲宣益深惡之。二十年後，果有病，須眉皆脫落，越一百八十七日卒。時人以為扁鵲、倉公無以加之也。

仲景宗族二百餘口，自建安以來，未及十稔，死者三之二，時大疫流行，而傷寒死者居其七，乃著《傷寒雜病論》十卷行於世。蓋推本《素問‧熱論》之旨，兼演伊尹湯液而為之。探賾鈎玄，功侔造化，華佗讀而善之曰；「此真活人書也。」仲景又著《金匱玉函要略方》三卷，上卷論傷寒，中卷論雜病，下卷載其方並療婦人，時為千古醫方之祖。自漢魏迄於今海內學者，家肆戶習，誦讀不暇，如士子之于六經然。論者推為**醫**中之**聖**，而范曄《後漢書》乃不為仲景列傳，是故君子有遺憾焉。

嵩渚子曰：皇甫士安有言，伊尹以元聖之才，本神農之經，為《湯液論》；仲景本黃帝之書，述伊尹之法，廣《湯液論》為書數十卷，後醫咸尊用之，弗敢變。宋‧翰林學士王洙在館閣日，偶于蠹簡中，得仲景所著《金匱要略》三卷，乃錄而傳之。秘閣校理林億等，又校定為二十五篇，刪除重複，合二百六十二方，成為百世不刊之書。或謂有大人之病，而無嬰兒之患；有北方之藥，而無南方之療，則長沙之所闕者，善學者觸類而長之可也。

余又聞仲景有《脈經》、《五臟經》、《評病藥方》諸編，《藝文志》咸載其目，余未之見，其真贋不可知云。

張仲景**《傷寒雜病論》**十六卷，因戰亂散佚，至西晉太醫令王叔和採集編次，其功偉博；金代成無己為之注釋，宋代林億增補纂集。論著研考經方，精妙簡譯，辯證論治，用之靈驗，使後世醫藥家，有所依據，濟眾救人，為**羣方之祖**，**眾法之宗**，世民賴以養生，病者因之全癒，拯救生靈，世代庶民蒙恩，其救方立法，歷代相傳，如日月之光華，永照恒明。

《傷寒雜病論》書前有〈漢長沙太守南陽張機仲景序〉論曰：

余每覽秦越人入虢之診，望齊侯之色，未嘗不慨然歎其才秀也。怪當今居世之士，曾不留神醫藥，精究方術，上以療君親之疾，下以救貧賤之危，中以保全身長全，以養其生；但競逐榮勢，企踵權豪，孜孜汲汲，惟名利是務，崇飾其末，忽棄其本，華其外而悴其內，皮之不存，毛將安附焉。卒然遭邪氣之風，嬰非常之疾，患及禍至，而方震慄，降志屈節，欽望巫祝，告窮歸天，束手受敗，賫百年之壽命，持至貴之重器，委付凡醫，恣其所措，咄嗟嗚呼！厥身已斃，神明消滅，變為異物，幽潛重泉，徒為啼泣。痛夫！舉世昏迷，莫能覺悟，不惜其命，若是輕生，彼何榮勢之云哉！而進不能愛人知人，退不能愛身知己，遇災值禍，身居厄地，蒙蒙昧昧，蠢若遊魂。哀哉！趨世之士，馳競浮華，不顧根本，忘軀徇物，危弱水谷，至於是也。

余宗族素多，向餘二百，建安紀年以來，猶未十稔，其死亡者，三分有二，傷寒十居其七。感往昔知淪喪，傷橫天之莫救，乃勤求古訓，博采眾方，選用素問九卷，八十一難，陰陽大論，胎臚藥錄，並本脈辯證，為《傷寒雜病論》合十六卷。雖未能盡愈諸病，庶可以見病知源，若能尋余所集，思過半矣。

《傷寒雜病論・卷第一第二平脈法》：

問曰：脈何以知氣血臟腑之診也？師曰：脈乃氣血之見，氣血有盛衰，臟腑有偏勝；氣血俱衰，脈陰陽俱衰，氣獨勝者，則脈強；血獨勝者，則脈滑；氣偏衰者，則脈微；血偏衰者，則脈澀；氣血和者，則脈緩；氣血平者，則脈平；

氣血亂者，則脈亂；氣血脫者，則脈絕；若感於邪，氣血擾動，脈隨變化，變化無窮，氣血使之；病變百端，本源別之；欲知病原，當憑脈變；欲知病變，先揣其本，本知不齊，在人體躬，相體以診，並無遁情。

〈卷第三・四時〔春夏秋冬〕二十四節氣七十二候決病法〉：

二十四節氣，節有十二，氣有十二；五日為一候，合有七十二候，決病生死。陰陽大論云：春氣溫和，夏氣暑熱，秋氣清涼，冬氣冰冽，此則四時正氣之序也。冬時嚴冷，萬類深藏，君子周密，則不傷於寒。觸冒之者，則名傷寒耳。其傷於四時之氣，皆能為病。以傷寒為病者，以其最盛殺厲之氣也。中而即病者，名曰傷寒。

〈卷第四、第五溫病傷暑脈証並治〔方〕〉。

〈卷第六至第八，辨太陽病脈証並知︹方︺上中下〉。
〈卷第九、第十，辨陽明、少陽、太陰病脈証並治〉
〈卷第十一，辨少陰、厥陰病脈証並治〉。
〈卷第十二，辨霍亂吐利︹痢︺病脈証並治〉。
〈卷第十三，辨百合狐惑陰陽毒病脈証並治〉。
〈卷第十四，辨咳嗽水飲黃汗歷︹瀝︺節病脈証並治〉。
〈卷第十五，辨瘀血吐衄下血瘡癰病脈症並治〉。
〈卷第十六，婦人各病︹嘔吐、妊娠，懷孕、胎動，小便難、不利，大便堅硬，煩亂等︺脈症並治〉。

以下節錄《金匱要略》的簡要標題及概見張仲景飲食主要思想的兩篇文章：〈禽獸魚蟲禁忌病治〉與〈果實菜谷禁忌並治〉

一、夫人稟五常，因風氣而生長，風氣雖能生萬物，亦能害萬物；如水能浮舟，亦能覆舟。若五臟元真通暢，人即安和，客︹外來︺氣邪風，中人多死。千般病難，不越三條：一者，經絡受邪，入臟腑，為內所因也；二者，四肢九竅，血脈壅塞不通，為外膚所中也；三者，房室、金刃、蟲獸所傷，以凡詳之，病由都盡。（即所謂「三因」）。

二、〈痙濕暍（中暑）病脈証治（方）〉。

三、〈百合狐惑陰陽毒病脈証治〉。

四、〈瘧病脈証並治〉。

五、〈中風瀝節病脈症並治〉。夫風之為病，當半身不遂，或但臂不遂者，此為痺；舌即難言，口吐涎。

六、〈血痺虛勞病脈証並治〉。

七、〈肺痿肺癰咳嗽上氣病脈證治〉。

八、〈奔豚氣病脈證治〉。

九、〈胸痺心痛短氣病脈證並治〉。

十、〈腹滿寒疝宿食病脈證治〉。

十一、〈五臟風寒積聚病脈證並治〉。

十二、〈痰飲欬嗽病脈證並治〉。

十三、〈消渴小便利淋病脈證並治〉。
十四、〈水氣病脈證並治〉。
十五、〈黃疸病脈證並治〉。
十六、〈驚悸吐衄下血胸滿瘀血病脈證治〉。
十七、〈嘔吐下痢病脈證治〉。
十八、〈瘡癰腸癰浸淫病脈證並治〉。
十九、〈趺蹶手指臂腫轉筋陰狐疝蛔蟲病證治〉。
二十、〈婦人妊娠病脈證並治〉。
二十一、〈婦人產後病脈證治〉。
二十二、〈婦人雜病脈證並治〉。
二十三、〈雜療方〉（救自縊、溺水、中暑療方）。
二十四、〈禽獸魚蟲禁忌〉（此兩節為張仲景飲食養生重點。）

凡飲食滋味，以養于生，食之有妨，反能為害；自非服藥煉液，焉能不飲食乎？切見時人，不嫻調攝，疾病競起，若不因食而生，苟全其生，須知切忌者矣。所食之味，有與身相宜，有與身為害；若得宜則益體，害則成疾，以此致危，例皆難療。凡肉及肝，落地不著塵土者，不可食之。諸五臟及魚，投地塵土不污者，不可食之。穢飯、餒肉、臭魚，食之皆傷人。六畜疫死，則有毒，不可食之。鳥獸有中毒箭死者，其肉有毒，（不可食）。蜘蛛落食中，有毒，勿食之。凡蜂蠅蟲蟻等，多集食上，食之致瘻。

二十五、〈果食菜谷禁忌〉：

果子落地經宿，蟲蟻食之者，人大忌食之。梅多食，壞人齒。**生蔥不可共蜜食之**。食冷物，冰人齒。**夏月大醉流汗，不得冷水洗著身，即成病**。貪食，食多不消（化）。

總之，張機（仲景）的治病養生鉅著《傷寒雜病論》總結東漢以前醫藥用劑之成就，他是繼往開來而集大成者，後來名醫雖然輩出，然鮮有勝過仲景者；其經典大作，理法方劑，淑世後學，臨床遵用，是中華醫藥界的聖人，故尊奉稱之「醫聖。」

注一：李濂，《醫史》，七卷；載有華陀，葛洪，孫思邈，張仲景，王叔和，啓玄子（王冰），朱丹溪等名醫傳記。

注二：亦請參閱李書田，《古代醫家列傳釋譯》，〈張機列傳〉。

第六章 葛洪抱朴子養生文化

葛洪，字稚川，自號抱朴子，亦因以名其書；生於西晉・晉武帝〈司馬炎〉太康四年〈公元二八三〉，端逝於東晉年間；丹陽句容〈屬今江蘇句容〉人，為晉代著名儒道哲學家兼醫藥養生學家，一生著作豐富，可惜多散佚，流傳於世至今者，有《**抱朴子〈內外篇〉**》《肘後備急救卒方》。

葛洪祖籍山東琅邪，後南渡遷居句容。從祖葛玄好神仙之玄道，修練長生方術，且精醫藥，人稱「葛仙翁」；父葛悌，歷任縣令、大中正、太守等官位，卒於官，葛洪為家中第三子。

晉惠帝元康六年〈公元二九六〉，洪十三歲，父葛悌去世，家道中落，乃躬耕、讀書。十六歲，涉獵經書文史，並習方術，拜其祖葛玄弟子鄭隱為師；隱乃玄學道家，所藏道術羣書甚豐，洪得以廣泛閱讀精治，油然生有隱逸思想。

二十二歲，赴晉都洛陽，遇「八王之亂」，無奈周旋遊歷於徐、豫、荊、江、廣數州地之間。

二十三歲，廣州刺史稽含因與葛洪為舊識，推薦洪為參軍，留廣州，旋歸隱羅浮山，著手草擬《抱朴子》，結識南海太守鮑玄。鮑氏為琅邪人，屬同鄉之誼，精於神仙方術內外之學。

二十九歲，鮑玄惜才，授予葛洪石室之書《三皇文》，甚且嫁女鮑姑適洪為妻；洪乃益潛心修道，服食養性，更習醫藥方術，立定寫作著書。

西晉愍帝建興三年〈公元三一五〉，洪三十二歲，當時琅邪王司馬睿為丞相〈後為東晉元皇帝〉招攬人才，洪被推薦入相府，唯隔年旋辭官。

三十五歲，東晉元帝即位，詔進德才賢士，洪被賞賜官位，食句容之邑二百戶。

其後，因朝政變化，世事無常，乃時思想歸隱修道；五十歲，因年紀漸老，思欲煉丹，聽聞廣州一帶產丹砂，請為交阯郡縣令，以得求丹；得許可，乃率子侄南下；因淡泊名利仕途，一心辭官退隱，追求煉丹方術致於神仙之道，歸隱於廣東羅浮山，煉丹著述，完成《抱朴子〈內外篇〉》。

洪臨終前，謂親友曰：將遠行尋師求仙，未久，見洪兀然端坐而逝，顏色如生不改，體亦柔軟，或傳已化仙而去。

葛洪著述極豐，大多佚失，流傳後世至今者，僅有《抱朴子・內外篇》及《肘後卒死備急方》〈簡稱肘後方〉；南（北）朝・梁代茅山道士陶弘景（陶隱居）因追慕葛洪而增刪補缺有《補闕肘後百一方》〈八卷〉其中，治內病者三十五首（方），治外發感病者三十五方，治為物所苦病者三十一方，合百一方，故以書名。

《晉書》〈列傳四十二〉為葛洪傳記；《隋書‧經籍志》有葛洪《抱朴子〈內外篇〉》及《肘後方》著作。

敬謹附錄《晉書‧葛洪傳》，以便利讀者閱覽。

葛洪字稚川，丹陽句容人也，父悌為邵陵太守，洪少好學，家貧，躬自伐薪以貿紙筆，夜輒寫誦習，遂以儒學知名。性寡欲，無所愛玩，不知棋局幾道，為人木訥，不好榮利，閉門卻掃，未嘗交遊，于餘杭山見何幼道、郭文舉，目擊而已，各無所言。時或尋書問義，不遠數千里崎嶇冒涉，期于必得，遂究覽典籍，尤好神仙導養之法。從祖玄，吳時學道得仙，號曰葛仙公，以其煉授弟子鄭隱。洪就隱學，悉得其法焉。後師事南海太守上黨鮑玄。玄亦內學，逆占將來，見洪深重之，以女妻洪。洪傳玄業，兼綜練醫術，凡所著撰，皆精核是非，而才章富贍。洪至洛陽，欲搜求異書以廣其學。洪見天下已亂，欲避地南土，乃參廣州刺史稽含軍事。及含遇害，遂停南土多年，征鎮檄命一無所就。後還鄉里，禮辟皆不赴。元帝為丞相，賜爵關內侯。干寶深相親友，荐洪才堪國史，選為散騎常侍，領大著作，洪固辭不就。以年老，欲煉丹以祈遐壽，聞交阯出丹，求為令。帝以洪資高，不許。洪曰：「非欲為榮，以有丹耳」帝從之。洪遂將子侄俱行。至廣州，刺史鄧岳留，不聽，去，洪乃止羅浮山煉丹。岳乃以洪兄子望為記室參軍。在山積年，悠遊閒養，著述不輟。自號抱朴子，因以名書。其餘所著碑誄詩賦百卷，移檄章表三十卷，神仙、良吏、隱逸、集異等傳各十卷，又抄《五經》、《史》、《漢》、百家之言、方技雜事三百一十卷，《金匱

> 藥方》一百卷，《肘後要急方》四卷。洪博學深洽，江左絕倫。著述篇章富于班馬，又精辯玄賾，析理入微。後忽與岳疏云：「當遠行尋師，克期便發。」岳得疏，狼狽往別。而洪坐至日中，兀然若睡而卒，岳至，遂不及見，時年八十一。視其顏色如生，體亦柔軟，甚輕，如空衣，世以為得仙云。

《肘後救卒備急方》的「肘後」指如似提掛於手肘後，意表方便隨身攜帶檢用；「卒」指猝然忽遽，救卒備急，即急救救死之意；方則醫治藥方也。

作者葛洪為善人醫藥家，慈悲在懷，體恤愛民，以簡便、廉價、易得而有效驗之藥方，著述公諸於世人，以救急應卒；現行流傳本全書共八卷。

卷一：救卒屍厥方，治卒心痛方，治卒腹痛方，治心腹俱痛方，治卒心腹煩滿方。

卷二：治卒霍亂諸急方，治傷寒時氣溫病方，治瘴氣疫病溫毒諸方。

卷三：治寒熱諸症方，治卒發癲狂病方，治卒得驚邪怏惚方，治卒中風諸急方，治卒風瘖不得語方，治風毒腳弱方，治卒上氣咳嗽方，治卒身面腫滿方。

卷四：治心腹寒冷食飲積聚結癖方，治胸膈上痰飲諸方，治卒胃反嘔方，治卒患腰痛諸方，治虛損羸〈弱〉瘦不堪方，治脾胃虛弱不能飲食方。

卷五：治腸癰肺癰方，治癬疥諸方，治卒得癩皮方。

卷六：治目赤，耳聾、耳為百蟲雜物所入方，治卒食噎不下方，治卒諸雜物鯁不下方，治誤吞諸物方，治面皰禿髮方。

卷七：治為熊虎爪牙所傷毒痛方，治卒為犬咬毒方，治卒狐棘所毒痛方，治腹蛇所螫方，治蜈蚣蜘蛛所螫方，治卒蜂螫方，治卒蠍螫方，治卒服藥過劑煩悶方，治防避飲食諸毒，治飲酒大醉方。

卷八：治百病備急丸散膏諸藥方，治牛馬六畜疫病諸方。

《肘後救卒備急方》，內容涵括傷寒、溫病、時行，治內、外；婦、小兒、五官、皮膚等醫科危急重症，書上所著述記載之醫藥方，簡便，價廉，又有靈驗療效，傳世久遠，頗有深益；唯書內亦有採用道家煉丹玉石之藥，讀者定要慎別，必須請教現代醫藥專家學者。

現今流傳版本的《抱朴子》有外篇「言人間得失，世事臧否，屬儒家」；內篇「言神僊方藥、鬼怪變化、養生延年、攘邪卻禍之事，屬道家。」

〈**外篇**〉有嘉遁、逸民、勖學、崇教，君道，臣節、良規、官理、務正、貴賢、任能、欽士、用刑、審舉、交際、擢才、任命、名實、清鑒、行品、弭訟、**酒誡**、疾謬、譏惑、刺驕、省煩、尚博、吳失、守塉、安負、仁明、傳喻、廣譬、辭義、循本、應嘲、百家、文行、知止、窮達、自敘等卷（篇）。

外篇最末卷〈自敘〉，仿司馬遷《史記》最末卷〈太史公自序傳〉與班固《漢書》最末卷〈敘傳〉。

抱朴子者，姓葛，名洪，自稚川。丹陽句容人也……洪祖父，學無不涉，究測精微，文藝之高，一時莫倫，有經國之才，歷宰海鹽、臨安、山陰三縣；入為吏部侍郎，御史中丞，盧陵太守，吏部尚書，太子少傅，中書，大鴻臚，光祿勛、輔吳將軍，封吳壽縣侯。洪父，以孝友聞，行為士表，方冊所載，罔不窮覽；仕吳五官郎，中正，建城、南昌二縣令，中書郎，廷尉，會稽太守。博簡秉文經武之才，朝野之論，僉然推君。稍遷至大中大夫，歷位大中正。縣戶二萬，舉州最治，德化恩洽刑清，野有頌聲，路無奸跡。秋毫之贈，不入於門；紙筆之用，皆出於私財。刑厝而禁止，不言而化行。以疾去官，發詔見用為吳王郎中令。遷邵陵太守，卒於官。洪者，君之第三子也，為二親所嬌饒。年十有三，而慈父見背；夙失庭訓，飢寒困瘁，躬執耕穡。又累遭兵火，先人典籍蕩盡，農隙之暇無所讀，乃負笈徒步行借。就營田園處，以柴火寫書。年十六，始讀《教經》、《論語》、《詩》、《易》，大義多所不能通，但貪廣覽，於衆書乃無不暗誦精詩；曾所披涉，自正經、諸史、百家之言，下至短雜文章，近萬卷。晚學風角望氣三元遁甲，六壬太一之法，粗知其旨，又不研精。洪之為人也，性鈍口訥，形貌醜陋，而終不辯自矜飾也。冠履垢弊，衣或襤褸，而或不知恥焉。洪期於守常，不隨世變；言則率實，杜絕嘲戲，不得其人，終日默然；故邦人咸稱之為**抱朴之士**，是以洪著書，因以自號焉。洪貧無車馬，交游過差，故逐撫筆閒居，守靜篳門而無避從之所，至於權豪之徒，而莫或相識焉。衣不辟寒，室不免漏，食不充虛，名不出戶，貧無童僕。唯明覽之士，乃恕其信抱朴，非以養高也。洪之為人，信心而行，毀譽皆置於不聞。受人之施，內皆久久漸有以報之，不會覺也；非類則不妄受其饋致焉。洪所食有旬日之儲，則分以濟人之乏。村裏凡人之為良守善者，或齎酒餚候洪，亦不拒也，後有以答之。洪尤疾無義之人，不勤農桑之本業，而慕非義之奸利；有威勢者以索財，或有罪人之賄，或挾使民丁，或強收錢物，或奪百姓之利，或割人土地，劫孤弱之業，內以誇妻妾，外以釣名位，其如此者，不與交焉。由是俗人憎洪疾已，自然疏絕，故巷無車馬之跡，堂無異志之賓，庭可設雀羅，而幾筵積塵焉。洪口不及人之非，不說人之私，雖僕豎有其所短，所羞之事，不以戲之也。其論人也，別獨舉彼之勝事而已；其論之也，別撮其所得之佳者，而不指摘其病累。人清高賢能者，洪指說其快事，每見世人有好論人物者，未必當允，或失準格；洪益以為戒，遂不復言及士人矣。洪徑詣洛陽，欲廣尋異書，正遇大亂，北道不通；會有故人稽君，見用為廣州刺史，乃請洪為參軍。因利可避地於南，遂停廣州。以修松喬之道，將登名山，服食養性，覓緣修習玄靜，入山林修道，以遂本志。洪所作子書內、外篇，幸也用功夫，聊復撰次，以示將來云爾。〈內篇〉二十卷，〈外篇〉五十卷；又為《神仙傳》十卷，《隱逸傳》十卷等。其〈內篇〉言神仙方藥，鬼怪變化，養生延年，禳邪卻禍之事，屬道家；〈外篇〉言人間得失，世事臧否，屬儒家。洪體鈍性駑，未曾走狗馬，不博戲，以勤經業，因諸戲盡不如示一尺之書，故因本不喜而不為，蓋此俗人所親焉。洪少有定志，念精治五經，著一部子書，令後世知其為文儒而也。洪既著〈自敘〉之篇，人曰：先生以始立之盛，或憾芬芳之不揚，而務老生之彼務？洪答曰：上不能鷹揚醫國，下無以顯親垂名，美不寄於良史，聲不附乎鐘鼎；故因著述之餘，而為自敘之篇，雖無補於窮達，亦賴將來之有述焉！

觀乎葛洪本人〈自敘〉篇，益知其先祖身世為官，洪自身研讀經史百家之言，三元遁甲之術；深居抱樸，不言人非，不論人私；詣晉都洛陽，遇大亂，南下廣州〈羅浮山〉而修道著述《抱朴子》〈內外篇〉，或足以補充《晉書》〈葛洪傳〉不及之處。

《抱朴子・內外篇》論及養生之道者不少，諸如：

〈內篇・至理〉：

> 夫道之妙者，不可盡書，**又**不足說，孰不樂生而畏死哉？形須神而立，形者，神之宅也；譬之於堤，堤壞則水不流矣；身勞則神散，氣竭則命終。夫人所以死者，諸欲所損也；老也，百病所害也，毒惡所中也，邪氣所傷也，風冷所犯也；今導引行氣，**食飲有度**，**興居有節**，思守神一，如此則通，可以免六害；今醫家通明腎氣之丸，內補五絡之散，骨填**枸杞**之煎，**黃耆**建中之湯，服之者，皆致肥健；漆葉青蓁，樊阿服之，得壽百歲餘，而耳聰目明。**又**有吳普，從華陀受五禽之戲，以代導引，猶得百餘歲。**又**漢丞相張蒼，年老吮婦

人乳汁，得一百八十歲，道行諸秘妙，何為不養生乎？此事見於《漢書》，非空言也。夫人在氣中，氣在人中，自天地至萬物，無不須氣以生者也；善行氣者，內以養身，外以卻惡；夫人所憂者莫過乎死，所重者莫急乎生。

《內篇・微旨》：

夫人之好生而不知有養生之道，知飲食過度而不能節肥甘於其口；知極恣情欲之致枯損而不知割懷於所欲。所為養生之術者，內修行神，使延年癒疾，外攘邪惡，使禍害不生；明吐納之道，可以延年；知屈伸之法，則導引可以難老，知草木之方者，為藥餌可以延壽無窮。**養生之道**，知所禁忌，**在不傷不損而也**。**欲長生者**，內欲**佈施積德行善**之功，慈心恕人，樂人之吉，愍人之苦，周人之急，救人之窮，手不傷生，如此乃為有德，受服於天。抱朴子又曰：人不可以陰陽不交，坐致疾患；唯若縱情恣欲，不能節宣，則伐年命；善其術者，令人老猶有美色，終其所稟之天年。【禮記卷九禮運篇，飲食男女，人之大欲存焉。】

《內篇・釋滯》：

或可長生延年命之大要者，胎息而也。得胎息者，能不以鼻口噓吸，如在胞胎之中（丹田），則道成矣，可以養生延命。

《內篇・雜應》：

或曰：辟穀斷穀可以輕身延壽，道書言欲得長壽，腸中當清，腸中無渣。養生之理，節量飲食，不犯風濕，可以不病。堅齒之道在養以華池，浸以醴液，清晨健齒（叩齒）三百遍者，永不動搖。

《內篇・極言》：

養生以不傷為本，長壽之要，在乎還年，延年除病，不自伐。力所不勝而強舉，傷也；悲哀憔悴，傷也；汲汲所欲，傷也；**寢息失時，傷也；沉醉嘔吐，傷也；飽食即臥，傷也；**跳走喘乏，傷也；陰陽不交，傷也；積傷致盡則早亡。世以養生之方，耳不極聽，目不久視，坐不致久，臥不及疲，食不過飽，飲不過多，食過多則結積聚（不消化），飲過多則成痰癖。不欲甚勞甚逸（勞逸均衡），不欲奔車走馬，不欲多啖生冷，不欲飲酒當風，不欲數數沐浴，不露臥星下，不眠中見肩，不冒大寒大熱，大風大霧；**五味入口，不欲偏多**（傷五臟）。**善養生者，臥起適四時，興居有至和**，調利筋骨，偃仰吞吐之方術，流行榮（營）衛，節宣勞逸，忍怒養氣，服草木藥方以救虧缺，長壽之理，盡於此矣。

《外篇・用形》：

譬存玄胎息，呼吸吐納，熊經鳥伸者，長生之術也。

《外篇・酒戒》：

夫酒，生病之毒物，君子以敗德，小人以速罪，耽惑，鮮不及禍；世之士人，又不肯節，縱心口欲，輕召災源，似熱渴洺冷，難適已而身危。**無日不醉，爛腸發狂**，世人戒之畏之者少，且願君節之。譬如水火，用之失適，則焚溺而死；食之過多，實結癥瘕，況於酒之毒物乎！

要言之，《抱朴子・內外篇》養生之道，食藥同源，內容豐富簡便，深益世人，流傳久遠，影響廣大。

第七章　陶弘景的養生文化

陶弘景，別號華陽隱居，世稱陶隱居，諡號貞白先生，生於南（北）朝劉宋孝武帝孝建三年（公元四五六），坐化於梁武帝（蕭衍）大同二年（五三六），享高壽八十一，為丹陽秣陵（屬今江蘇江寧）陶家渚人，此地約在南京（昔名建康、建業、金陵、石頭城）、鎮江、句容附近一帶，即古揚州之域，地靈人傑。

弘景祖父陶隆，好讀書，善書法，又解醫藥，常為人療疾救苦，因功晉侯；父陶真，曾任縣令，博閱經史子書，並通醫藥。

陶氏七歲，即時覽四書五經；十歲，偶讀葛洪《神仙傳》，驚異，秉燭夜讀愛不釋手，觀閱神仙術事，感歎「仰天空青雲，不覺為遠，讀此書令人有凌雲壯志。」由此深受道家教義思想理論影響，益有養生輕身延年長壽之志向。

年少時，眉清目秀，神意明朗，儀表堂堂；又長額聳耳，耳孔有長毛出外，如異人仙風道骨之態。

青年時期，遍覽萬卷書，習諸子百家學，又工草隸，臨摹王右軍（羲之）字法體勢。

南齊皇朝建立，宰相蕭道成（後為太祖齊高帝）招攬入朝，延為諸王侍讀，而朝儀羣事，多所請益取決。雖身在朝廷顯貴之中，然食素味，單身不娶（父為妾所害，影響弘景心靈，終身未娶；李延壽《南史隱逸傳》記載母懷胎夢見青龍無尾，升天，生弘景，不妻無子。）一心嚮往神仙道術。

曾拜東陽道士孫遊岳為師，從受符圖經法，遍訪游歷名山大川，時謁道僧，尋求仙術，潛心於醫藥練丹。

時值南北朝分立亂世，陶弘景不喜官場態勢，又因家中貧苦，擬請為縣宰不成，遂脫朝服，具表辭官，帝詔准，念其真誠樸心，賜以束帛，且敕所在官吏月給茯苓、白蜜，供作服食。

自此隱居於句容名曲山上，曰：「此山下名金壇華陽之天，昔漢有咸陽三茅君得道來掌此山，故謂茅山。」乃立館自號華陽陶隱居，一面修道養性，一面致力增補集注醫藥書籍；為養性延命，又為人救生療疾。

四十三歲，於茅山頂營建三層樓閣，除專心本草研注從事練丹仙藥，且練吐納呼吸，方技道術以養生延壽。

弘景住樓上，弟子居其中，賓客止下樓；儘量與外物隔絕，唯一家童得至其所；聽吹笙，喜松風，庭院環植松樹，聞風響聲，怡然至樂，或獨游泉石，望見者咸以為仙人。

性尚奇經異術，尤明陰陽五行，風角星算；又好著述，研治山川地理、方圖產物、本草醫術方。追慕張良儒道為人處事，稱云「古賢無比」。

南齊末年，知梁武（蕭衍）義兵至，遣弟子迎道奉表，及聞議禪代，**弘景**援引圖讖五行，成「**水丑木**」合「**梁**」字，令弟子進之；武帝早與之遊，舊識，即位後，恩禮更加篤切，書信探問不絕，冠蓋相望。帝遇朝廷大事，國政吉凶征討，皆前向諮詢請益，月中常有數信來往，時人謂為「**山中宰相**」。二宮及王公貴要時相問候贈禮，多謙謹而不納受，縱有留者，即作功德。

弘景善養生，行辟穀導引延年長壽之法，自隱處四十多年，年逾八十而猶有壯容。曾夢見佛授其菩提記云，名為勝力菩薩，乃至阿育王塔自誓，受五大戒。

梁武帝大同二年，無疾，而自知算出將坐化，卒年高享八十一歲；容顏未變，屈伸如常，香氣累日，氛氳山谷，遺囑薄葬，「以草蓆上加法服、藥鈴、佩符、袈裟可矣，百日內，夜常燃香火。」弟子遵謹行之；詔贈太中大夫，謚曰貞白先生。所著述有《名醫別錄》、《本草集注》，《補闕肘後應急百一方》，《養性延命錄》等。

按，《梁書・處士列傳》及《南（朝）史・隱逸傳》皆記載有〈陶弘景傳〉，又《隋書・經籍志》登錄《陶隱居本草》（名醫別錄），《**陶弘景本草經集注**》，《宋史・藝文志（四）》記錄有《**陶弘景養性延命錄**》。

茲節錄略刪《梁書・處士列傳》〈陶弘景傳〉如下：

> 陶弘景字通明，丹陽秣陵人也。初，母夢青龍自懷而出，幷見兩天人手執香爐來至其所，已而有娠，遂產弘景。幼有異操，年十歲，得葛洪神仙傳，晝夜研尋，便有養生之志。謂人曰：「仰青雲，覩白日，不覺爲遠矣。」及長，神儀明

秀，朗目疏眉，細形長耳。讀書萬餘卷，善琴棋工草隸，未弱冠，齊高帝作相，引爲諸王侍讀。雖在朱門，閉影不交外物，唯以披閱爲務，朝儀故事，多取決焉。永明十年，上表辭祿，詔許之，賜以束帛。於是止于句容之句曲山。恒曰：「此山下，名金壇華陽之天，昔漢有咸陽三茅君得道，來掌此山，故謂之茅山。」乃中山立館，自號華陽隱居。始從東陽孫遊岳受符圖經法，徧歷名山，尋訪仙藥。每經澗谷，必坐臥其間，吟詠盤桓不能已。弘景為人，圓通謙謹，心如明鏡。永元初，更築三層樓，弘景處其上，弟子居其中，賓客至其下，與物遂絕，唯一家僮得侍其旁。特愛松風，每聞其響，欣然爲樂。有時獨遊泉石，望見者以爲仙人。性好著述，尚奇異，尤明陰陽五行，風角星算，山川地理，方圖產物，醫術本草。義師平建康，聞議禪代，弘景援引圖讖，數處皆

> 成「梁」宇，令弟子進之。高祖（梁武帝蕭衍）既早與之遊，及即位後，恩禮逾篤，書問不絕，冠蓋相望。善辟穀導引之法，年逾八十而有壯容。深慕張良之爲人，云「古賢莫比」。曾夢佛授其菩提記，名爲勝力菩薩。乃詣阿育王塔自誓，受五大戒。大同二年，卒，時年八十五。顏色不變，屈申如恒。詔贈中散大夫，謚曰貞白先生，弘景遺令薄葬，弟子遵而行之。

《南史·隱逸傳》〈陶弘景傳〉，與《梁書》所載，大致類同，唯末段補充加錄有弘景所著《本草集注》，《肘後百一方》等。

《名醫別錄》成書在《神農本草經集注》之前，全書三卷，收錄藥物上中下三品三六五種，可知其勤於廣讀，實踐而匯集經驗之長，為一部藥學專著。

《神農本草經集注》全書分作〈序錄〉與正文兩部分。

〈序錄〉略云：

隱居先生在茅山之上，以吐納餘暇，游意方技，覽本草藥性，撰而論之。以《神農本經》三品，三百六十五種為主；又進名醫副品，亦三百六十五，合七百三十種，朱、墨雜書並注。〈正文〉部分捨棄《神農本草經》原先之上中下三品分類法，改為**玉石**、**草**、**木**、**蟲獸**、**果菜**、**米穀**及陶氏當時未詳之「有名未用」類，合計七類，更具匠心，分類清楚而易明瞭；用朱書（紅字）與墨書（黑字）分寫《神農本草經》和《名醫別錄》原文，再用小字條記陶氏注文，甚為用心而明晰。

《補闕肘後百一方》乃補充葛洪《肘後方》之缺失不足，略刪，益增為一百又一醫藥方。

陶隱居《補闕肘後百一方》前序略言：

隱居曰，余宅身幽嶺，每植德施功，可傳方遠裔者，莫過於撰述；見葛氏《肘後救卒方》，殊足申一隅之思。夫生人所為，大患莫急於疾病而不治，猶救火而不以水也……抱朴[子]此製實為深益，然尚闕漏未盡，乃更採集補闕，凡一百一[方]，為《肘後百一方》……上卷三十五首，治內病；中卷三十五首，治外發病；下卷三十一首，治為物所苦病。

《**養性延命錄**》是陶弘景採集披覽，上自農（炎）黃以來，下及魏晉之道林前彥，仙經真人的養生長壽之道，輯為此篇，庶於助緣濟物。今節錄如下：

夫稟氣含靈、惟人爲貴，**人所貴者蓋貴於生**。生者神之本，形者神之具，神大用則竭，形大勞則斃。若能遊心虛靜，息慮無爲。候元氣，時導引，攝養無虧，兼餌良藥則百年者壽，是常分也。如恣意以耽聲色，役智而圖富貴，不拘禮度，飲食無節，如斯之流，寧免夭傷之患也。余因披覽養生要集，其集志在寶育，或仙經真人長壽之規，或採摭彭祖李聃長齡之術，上自農黃已來下及魏晉之際，但有益於養生，乃無損於後患。諸本先皆記錄，今略取要法，刪棄繁蕪，類聚篇題《養性延命錄》。庶助於有緣，冀憑以濟物耳。大有經曰，夫形生愚智，天也。强弱壽夭，人也。始而胎氣充實，生而乳食有餘，長而滋味不足，壯而聲色有節者，强而壽。生長全足，加之導養，年未可量。道機曰，人生之命有長短者，非自然也，皆由將身不謹，飲食過差，淫泆無度，忤逆陰陽，魂神不守，精竭命衰，百病萌生，故不終其壽。傳曰，**食愈少，心愈開，年愈益；食愈多，心愈塞，年愈損焉。**太史公司馬論曰，夫神者生之本，形者生之具也，神大用則竭，形大勞則斃，神形早衰，欲與天地長久，非所聞也。故人所以生者，神也，神之所託者，形也，神形離別則死。黃庭經曰，玉池清水灌靈根，審能修之可長存。華池者，口中唾也，呼吸如法咽之，則不飢也。唾者，漱爲醴泉，聚爲玉漿流爲華池。漱而咽之，溉臟潤身。流利百脈，化養萬神。肢節毛髮，宗之而生也。韓融元長曰，酒者五穀之華，味之至也。亦能損人，養性所宜慎之。名醫敍病論曰，**世人不終耆壽，皆由不自愛惜。**內傷骨體，外乏筋肉，血氣將無，經脈便壅，惟招衆疾，正氣日衰，邪氣日盛矣。陳紀元方曰，百病橫夭，多由飲食之患，過於聲色。聲色可絕之踰年，食不可廢之一日。為益亦多，爲患亦切。張湛云，**能動能靜，所以長生。**精氣清淨，乃與道合。張道人年百數十，猶翹壯也。云養性之道，莫久行、久坐、久臥、久聽、莫強食飲，莫大醉，莫大愁憂，莫大哀思，此所謂能中和。**能中和者，必久壽也。**仙經曰，所以致百病風邪者，皆由恣意極情，不知自惜，故虛損生也。但知節情，亦得一二百年壽也。張湛養生集敘曰，養生大要，曰嗇神、曰惜氣、曰養形、曰導引、曰飲食、曰房室、曰醫藥、曰禁忌。青牛道士言，當莫強爲所不任，舉重引強，掘地苦作，倦而不息，以致筋骨疲竭耳。然勞苦勝於逸樂也，能從朝至暮有所爲，使之不息，乃快。但覺極當息，息復爲之。夫流水不腐，戶樞不朽者，以其勞動數故也。飽食不用坐與臥，欲得行步，務作以散之。不爾使人得積聚不消之疾，必損年壽也。皇甫隆問青牛道士大畧云**體欲常勞，食欲常少。勞無極，少無過。**去肥濃節鹹酸。彭祖曰，**養之得理當壽一百二十歲。**不得此者，皆傷之也。彭祖曰，養壽之法，但莫傷之而已。夫冬溫夏涼不失四時之和，所以適身也。厚味醉飽以致聚結之疾。仙人曰，若欲延年少病者，勿大溫熱，消骨髓。勿大寒，傷肌肉。勿卒呼，驚魂魄。勿久泣，神悲戚。勿恚怒，神不樂。能行此道，可以長生。（注一）

注一：〈養性延命錄〉，亦請參閱自由出版社，《養生長壽秘訣集成》，第一集，四十五年六月

第八章　藥王孫思邈的養生文化

孫思邈生於隋文帝開皇元年（西元五八一年），為京兆華原人（現今陝西省耀縣孫家原村），終老卒於唐高宗李治永淳元年（六八二），**享壽高齡一百零一歲**。

由於他勤讀古方，博通醫藥，醫術神明，醫德高尚，又勤於選擇藥方，用意功效神奇，自成一家，後世醫藥家推崇尊稱為「**藥王**」，又因他不求功名利達，隱逸於山中洞府修練，精通道家、儒學、易經、醫藥、道術、儒逸真醫，博深精微，奇靈奧妙；至宋代徽宗，追封稱之為「妙道真人」，故後世又推尊稱為「**孫真人**」。

他「七歲就學、日誦千餘言；弱冠，善談莊老及百家之說，兼好釋典」被稱歎為「聖童」；弱冠，有志於醫，學方藥；隋文帝徵召當官，謙辭，嘗謂身旁親友曰：「後五十年，當有聖人出，吾方助之以濟人。」至唐太宗即位，召至京師長安，擬授以爵位，思邈固辭未受。

太宗見於容色儀表，曰：「知有道者，誠可尊重。」貞觀年間，為搜集醫藥，採訪醫術，遊於蜀地（今四川）一帶。

唐高宗李治永徽三年（六五二），思邈七十一歲，撰就《**備急千金要方**》三十卷；當時文士官員盧照鄰（唐初四傑之一）孟銑（知醫藥）等，「執師資之禮以事焉。」唐高宗且賜良馬及鄱陽公主邑司（未嫁而卒）以借居位住舍。

高宗永隆（李治自公元六四九至六八三在位，有永徽、顯慶、上元、永隆、永淳等十五個年號）二年（公元六八一），思邈高齡已滿百歲，著成《**千金翼方**》三十卷，終成一家之學。

高宗永淳元年（六八二），思邈因年老而終，長壽得享天年，高齡一百零一歲坐化升天，遺令薄葬；經月餘，顏貌如常，未變，時人異之。撰《千今方》三十卷，行於代。又撰《福祿論》三卷，《攝生真錄》及《枕中素書》、《會三教論》各一卷等。

按《舊唐書》〈方伎傳〉與《新唐書》〈隱逸傳〉，皆有〈孫思邈傳〉；又《宋史・藝文志（四）》也登錄有孫思邈《福壽論》、《真氣銘》等著作。

《舊唐書・方伎傳》中之〈孫思邈傳〉：

孫思邈，京兆華原人也。七歲就學，日誦千餘言。弱冠，善談莊，老及百家之說，兼好釋典。洛州總管獨孤信見而曰：「此聖童也。但恨其大氣，適小難為用也。」隋文帝徵為國子博士，稱疾不起。嘗謂所親曰：「過五十年，當有聖人出，吾方助之以濟人。」及太宗即位，詔詣京師，嗟其容色甚少，謂曰：「故知有道者誠可尊重！」將授以爵位，固辭不受。顯慶四年，高宗召見，拜諫議大夫，又固辭不受。

上元元年，辭疾請歸，特賜良馬，及鄱陽公主邑司以居焉。當時知名之士宋令文、孟銑、盧照鄰等，執師資之禮以事焉。思邈嘗從幸九成宮，照鄰留在其宅。時庭前有病梨樹，照鄰為之賦，其序曰：「余臥疾長安光德坊之官舍。父老云：『是鄱陽公主邑司。昔公主未嫁而卒，故其邑廢。』時有孫思邈處士居之。邈道合古今，學殫數術。高談正一，則古之蒙莊子；深入不二，則今之維摩詰耳。其推步甲乙，度量乾坤，則洛下閎、安期先生之壽也。」照鄰有惡疾，醫所不能愈，乃問思邈：「名醫愈疾，其道何如？」思邈曰：「吾其善言天著，必質於人；善言人者，亦本之於天。天有四時五行，寒暑迭代，其轉運也，和而為雨，怒而為風，凝而為霜雪，張而為虹蜺，此天地之常數也。人有四肢五臟，一覺一寐，呼吸吐納，精氣往來，流而為榮衛，彰而為氣色，發而為音聲，此人常數也。陽用其形，陰用其精，天人之我同也。良醫導之以藥石，救之以鍼劑，聖人和之以至德，輔之以人事，故形體有可愈之疾，天地有可銷之災。」又曰：「膽愈大而心欲小，智欲圓而行欲方。詩曰：『如臨深淵，如履薄冰』，謂小心也；『赳赳武夫，公侯干城』，謂大膽也。『不為利回，不為義疚』，行之方也；『見機而做，不俟終日』，智之圓也。」

思邈自云開皇辛酉歲生，至今九十三矣，詢之鄉里，咸云數百歲人，話周、齊間事，歷歷如眼見，以此參之，不啻百歲人矣。然猶視聽不衰，神采甚茂，可謂古之聰明博達不死者也。初，魏徵等受召修齊、梁、陳、周、隋五代史，恐有遺漏，屢訪之，思邈口以傳授，有如目覩。東臺侍郎孫處約將其五子侹、儆、俊、佑、佺以謁思邈，思邈曰：「俊當先貴；佑當晚達；佺最名重，禍在執兵。」後皆如期言。太子詹事盧齊卿童幼時，請問人倫之事，思邈曰：「汝後五十年位登方伯，吾孫當為屬吏，可自保也。」後齊卿為徐州刺史，思邈孫溥果為徐州蕭縣丞。思邈初謂齊卿之時，溥猶未生，而預知其事。凡諸**異跡**，多此類也。

永淳元年卒，遺令薄葬。經月餘，顏貌不改，時人異之。自注《老子》、《莊子》，撰《千金方》三十卷，行於代；又撰《福祿論》三卷及《枕中素書》、《攝生真錄》、《會三教論》各一卷。

思邈遍覽羣書，道儒釋佛，陰陽五行，推步，易經，醫藥，仙經，無所不涉，融會貫通，學驗具豐，著述等身，唯因時代久遠，戰亂頻仍，而大多散佚失傳，得流傳至今之醫藥養生書籍有《**備急千金要方**》，《**千金翼方**》及〈**孫真人枕上記**〉，〈**孫真人養生銘**〉，〈**攝養枕中方**〉等。

《備急千金要方》三十卷，含〈醫學諸論〉（**大醫習業**，**大醫精誠**），〈婦人求子方〉，〈少小嬰孺方〉，〈七竅病，風毒腳氣，諸風，傷寒，肝，膽，心，小腸，脾，胃，肺，大腸，腎，膀胱，消渴淋閉尿血水腫，疔腫癰疫，痣漏，解毒，備急方，食治，養性平脈、針灸等專卷〉。

其中第二十六卷〈食治〉與二十七卷〈養性〉，最平易知曉而與養生文化特別有關。

《備急千金要方》〈序言〉略謂：

> 夫燧人氏出，始有火化；伏羲氏作，畫八卦，立庖廚，滋味即興；大聖神農氏嘗百藥以救療，黃帝受命與方士岐

伯、雷公之論，以為經論，故后世可得依而暢焉。良醫和緩、扁鵲、倉公、仲景、華佗，並皆探賾索隱，窮幽洞微，而疾無不愈者。余緬尋聖人設教，欲使家家自學，人人自曉。乃博采群經，刪裁繁重，務在簡易，以為〈**備急千金要方**〉一部，凡三十卷。以為**人命至重，有貴千金，一方濟之，德逾于此，故以為名也。**

第二十六卷〈食治〉內，思邈對蒲桃（葡萄），**大棗**，薏苡仁，**胡麻**，石蜜（**蜂蜜**）的評價很高，認為這些食物可以「久食輕身益力不老，延年長壽。」

第二十七卷〈養性〉言及居處導引，按摩，調氣，服**枸杞**酒方，房中補益諸法，可令人「氣力強健，去病除疾，遐齡長壽不老，猶有美色。」

《備急千金藥方》卷一〈大醫精誠〉略謂：「大醫治病，先發大慈惻隱之心，誓願普救含靈之苦，不問其貴賤貧富，華夷愚智，普同一等，一心赴救，以濟危急，為醫之法，不得多語調笑，道說是非，炫耀聲名，自矜己德。」大哉！善哉！此與希臘醫家，「西方醫學之父」希波克拉底的〈醫生誓言〉，竟然有相符之處，東西兩大醫哲，前後輝映，照耀世人，值得推崇愛戴。

《千金翼方》為《千金要方》的續篇姊妹作，「翼」者，羽翼、輔翼之意；思邈慮及或有遺漏，且又累積三十年之証治經驗功夫，而作《千金翼方》，斯前後兩大著作，羽翼交飛，相輔相成；相濟運轉，光輝互照，自成一家之言，而各科醫療及食飲養性之方，乃囊括眾家，精博完備矣。

《千金翼方》三十卷包括藥錄纂要，採藥時節，玉石，本草，婦人，傷寒，小兒，養性，辟穀，退居，補益補虛，中風，雜病，萬病，飛煉，倉癰，氣色，針灸，禁經（祝由法）等；其中的第十二至十四卷，養性、辟穀諸方，退居擇地住屋、飲食服藥為健康養生，達致龜鶴延年長壽之道。

〈孫真人枕上記〉養生名句如下：

侵晨一碗粥，**夜飯莫教足**。
撞動景陽鐘，**扣齒三十六**。
大寒與大熱，且莫貪色欲。
醉飽莫行房，五臟皆翻覆。
坐卧莫當風，頻于暖處浴。
食飽行百步，常以手摩腹。
自死獸與禽，食之多命促。

〈孫真人養生銘〉

怒盛偏傷氣，思多太損神。

神疲心易役，氣弱病相侵，
勿使悲歡極，**當令飲食均**。
再三防夜醉，第一戒晨嗔。
夜寢鳴天鼓，晨興漱玉津。
妖邪難犯己，精氣自全身。
若要無諸病，**常當節五辛**，
安神宜悦樂，惜氣保和純。
壽夭休論命，修行本在人。
若能遵此理，平地可朝真。

〈攝養枕中方〉養生名句節錄摘要如下：

夫養性之士不知自慎之方，未足與論養生之道也，故以自慎為首焉。

夫萬病橫生，年命橫夭，多由飲食之患。飲食之患，過於聲色。聲色可絕之逾年，飲食不可廢逾一日。為益既廣，為患亦深。且滋味百品，或氣勢相伐。觸其禁忌，更為酖毒。緩者積年而成病，急者災患而卒至也。夫養性者，當少思，少念，**少欲**，**少事**，少語，少笑，**少愁**，少樂，少喜，**少怒**，**少好**，**少惡**。行此十二少者，養生都契也。多思則神殆，多念則志散，多欲則損智，多事則形勞，多語則氣爭，多笑則傷臟，多愁則心攝，多樂則意溢，多喜則忘錯昏亂，多怒則百脈不定，多好則專迷不理，多惡則憔悴無歡，此十二多不除，喪生之本也。體欲常勞，食欲常少；勞勿過極，少勿過虛。恆去肥濃，節咸酸，減思慮，捐喜怒，除馳逐，慎房室，又魚膾生肉，諸腥冷之物，此多損人，速宜斷之，彌大善也。心常念善，不欲謀欺詐惡事，此大辱神，損壽也。夫養性之道，勿久行、久坐、久聽、久視，不強食，不強飲，亦不可憂思愁哀。食止，行數百步，大益人。夜勿食，若食即行約五里，無病損。不可至疲極，不得大安，故曰：流水不腐，戶樞不蠹，以其勞動不息也。又臥起，先以手內著厚帛，拭項中四面及耳後周匝，熱，溫溫如也。順髮摩頂良久，摩兩手以治面目，久久令人目自明，邪氣不干。都畢，咽液三十過，導內液咽之。又欲數按耳左右，令無數，令耳不聾，鼻不塞。（注一）

總之，藥王孫思邈為中華道家玄學，陰陽五行推步、儒家、佛釋及醫藥方療養生之集大成者，後代醫家咸認其與扁鵲、華陀、張仲景（明・李濂《醫史》〈張仲景補傳〉言：仲景之術，真醫事之神醫也。）合稱為「中華四大神醫」；又推許稱譽其與張仲景，李時珍並稱為「中華三大醫藥家」。（注二）

注一：請參閱巫懷征、蘇華仁、劉繼洪、任芝華，《藥王孫思邈道醫養生》，頁二四〇—二四六。

注二：參閱上引同揭書，頁二〇。

第九章　宋元朝代陳直鄒鉉朱震亨忽思慧養生文化

陳直，宋朝泰州興化（屬今江蘇興化市）人，曾任縣令，著有《**養老奉親書**》一卷，凡十五篇，為中華文化現存極早的老年人養生專書，尤其著重於修性暢志怡情及飲食療治調養而致延年難老，遐齡享有天年。

鄒鉉，字冰壑，曾任元中都（今北京）總管，亦為一位醫藥養生家，對宋代陳直極為追慕推崇而自號「敬直老人」，並順延《**養老奉親書**》良法美意，**續增三卷合為《壽親養老新書》**，特別著重於飲食調治，對後代世人於食療養生方面影響很大，受益良多。

朱震亨，元代婺州義烏人（今浙江金華義烏一帶），因所居之地名丹溪，學者尊稱「丹溪先生」；曾因母疾病脾延醫而感悟：「人子不知醫，或委之庸人（醫），寧無有失？」乃棄科舉致仕向心於醫藥之學，嘗向金華同郡理學家許謙之學，更拜錢塘武林（今杭州）名醫羅知悌為師，知悌感於其真誠，盡授醫術與之，震亨遂有醫名，著有《**格致餘論**》《本草衍義補遺》（補充宋朝寇宗奭《本草衍義》增訂成書）及弟子為其編輯之《丹溪心法》等醫藥書籍，流傳於世。

忽思慧，元代宮中飲膳太醫，為著名食療養生家，著有《**飲膳正要**》乙書傳於世。

《宋史，藝文志》載有陳直《奉親養老書（一卷）》；《新元史》錄有〈朱震亨（丹溪）傳〉；清・康熙《古今圖書集成・醫部全錄醫術名流列傳》，列有〈朱震亨傳〉；乾隆《四庫全書子部・

醫家類》第七三八冊（影印文淵閣版本凡一五〇〇冊）記載陳直《養老奉親書》及鄒鉉《壽親養老新書》凡四卷，第七四六冊登錄朱震亨《格致餘論》一卷。

陳直《養老奉親書》序言略謂：

昔聖人詮置藥石，療諸疾病者，以其五臟本於五行，五行有相生之理也；榮衛本於陰陽，陰陽有逆順之理也；故萬物皆稟陰陽五行而生，有五色焉，有五味焉……，緣老人之性，皆厭於藥而喜於食，以食治疾，勝於用藥；食治未癒，然後命藥，此養老人之大法也；是以善治病者，不如善慎疾；善治藥者，不如善治食；為人子者，宜留意焉。

書中，〈食治養老益氣牛乳方〉云：

牛乳最宜老人，補血脈益心，長肌肉，康強潤澤，面目光悅，志不衰，人子常須供食，此物勝肉遠矣。

〈飲食調治篇〉云：

主身者神，養氣者精，益精者氣，資氣者食；**食者，生民之天，治人之本也。故飲食進則穀氣充，穀氣充則氣血盛，氣血盛則筋力強；**胃者，五臟之宗也，四臟（肺、心、肝、腎）之氣，皆稟於脾，故四時皆以胃氣為本；一身之中，陰陽運用，五行相生，莫不由於飲食也；高年之人，真氣耗竭，五臟衰弱，全仰飲食以資氣血；若生冷無節制，饑飽失宜，調停無度，動成疾患，凡人疾病，未有不因八邪（風、寒、暑、濕、飢、飽、勞、逸）而感，為人子者，得不慎之？食療未癒，然後命藥，貴不傷其臟腑也。凡百飲食，必在人子躬親調治，無縱婢使慢其所食。**老人之食，大抵宜其溫熱熟**

軟，忌其黏硬生冷。尊年之人，不可頓飽，但頻頻與食【總量不變】，使脾胃易化，穀氣長存；若頓令飽食，則多傷滿，緣老人胃腸薄弱，不能消納，故成疾患；為人子者，深宜體悉，此養老人之大要也。

〈性氣好嗜篇〉云：

眉壽之人，雖居處溫給，喜怒性氣不定，全在承奉顏色，【儘量】隨其所欲，嚴戒婢使其子孫，不令違背；若憤怒一作，血氣虛弱，中氣不順，因而飲食，便成疾患，深宜體悉。常令人隨侍左右，不可令孤坐，緣老人孤僻，易於傷感，便生鬱悶；**養老之法，凡人各有好嗜**，見即喜之。有好書畫者，好琴棋者，好珍奇者，好禽鳥者，好佛事者，僻好不能備舉。但**布其左右，使其喜愛玩悅不已**，使老人無所衰倦；若令守家孤坐，自成滯悶，今見所好之物，用心戲玩，自以為樂。

〈宴處起居篇〉云：

衰晚之年，心力精神懶於施為，氣血筋力使然；全藉子孫孝養，竭力將護；凡行住坐臥，宴處起居，皆須巧立制度，以助娛樂。棲息之室，必常潔雅，夏則虛敞，冬則溫密；其床不須高（防跌倒骨折），褥務在軟平，防風冷；枕宜實以菊花（益頭項血氣），坐椅宜稍矮，可垂足履地，左右置欄，面前設几，緣老人坐則成眠，有所欄圍，免閃側之傷。衣服不須寬長，長則蹴絆；寬則不著身，緣老人骨肉鬆冷，風寒易中；盛夏亦不宜袒露，以護腠理，若風傷腠中，便成大患。

〈貧富禍福篇〉云：

人子以純孝之心，竭力事親，無終始不及之禮；**人居富貴，濃於己薄於親**，無有不容，**雖富而貧也**；**人雖居貧賤，約於己而豐於親，人所推仰，天所助與，雖貧即富也**。**作善，降百祥**；不善，降百殃；**善，莫大於孝**，感於天，與之福；**罪，莫大於不孝**，與之禍；善惡之報，為人子者，可不信乎？但承順父母，盡其孝心，此順天之理，溫濃之家，不可慢於老者；勵行養老奉親，將見孝心感格，神靈默佑。

〈戒忌保護篇〉云：

黏硬食物不宜令餐，敝漏卑濕，不可令居，卒風暴寒，不可令冒，暮夜之食不宜令飽，危險之地不可令行，澗淵之水不可令渡，家緣冗事不可令管。人子悉意為防，以保家老長年。

〈四時養老篇〉云：

陰陽四時（春夏秋冬）者，萬物之終始，死生之本也；逆之則災害生，從之則苛疾不起，是謂得道；春溫夏熱秋涼冬寒，若氣反於時，則為疾癘；順之則生，逆之則病，人若能法四時運用而行，自然疾病不生，長年可保。

鄒鉉續篇《壽親養老新書》大要略云：

太上以六字（呵呼呬噓嘻吹）氣訣治五臟六腑之病，周矣，乃**漱咽扣齒**，無病不癒。即以**手摩腹**出門庭行，緩緩行，勿令氣急，如此食後將息，必少橫疾。老人心閒無事，每喜出遊，如康節詩所謂：「待天春暖秋涼日，是我東遊西泛時。」擇良辰美景，邀賓客或攜子弟同行遊賞。老人性有喜山居者，臨流高爽，泉石清美，栽蔬種菊，可採又可觀賞。

上春採茗嫩芽臨泉烹茶，芳味不類常韻。服三妙（地黃**枸杞蜜**）湯，可實氣養血，久服益人。久服五加酒，輕身耐老，明目，補中益氣，堅筋骨，強志意，延年長壽。老人閒暇奇玩繪畫人物山水花卉翎毛，梅蘭竹石，尤存雅緻，瑤池者壽。奉親養老者，能鼓琴為親，亦足以娛悅其意，平和其心。郡康節詩云：「花木四時分景致，經書萬卷號生涯。」尊老置聚藏儲書卷以遺子孫，而後為賢，白首不倦，**至樂莫如讀書**，**至要莫如教子**。安樂之道，為善保養，養精氣，薄滋味，養血氣，**莫嗔怒養肝氣**，**慎飲食養胃氣**，養氣全神，可得真道，老人尤不可不慎也，善養生者，保守真元，知自護愛，康強倍常，年壽百歲。能戒夜飲，保精氣，神識安寧，安享天年。日夕**常按摩足心湧泉穴**，步履輕便有力。樂志彈發妙曲，逍遙天地之間。安身之本，必資於食，不知食宜，不足以存生；

五肉五果五菜必先之五穀，以夫生生不息，食味和調，百疾不生，保生長年。（註一）

朱震亨（丹溪）《格致餘論》第一篇即為〈飲食箴〉：

人身之貴，父母遺體，為口傷身，滔滔皆是。人有此身，饑渴隨興，乃作飲食，以遂其生。睠彼昧者，因縱口味，五味之過，疾病蜂起，疾病生也，其機甚微，饞涎所牽，忽而不思，病之成也，飲食俱廢，憂貽父母，醫禱百計。山野貧賤，淡薄是諳，動作不衰，其身亦安。均氣同體，我獨多病？悔悟一萌，塵開鏡淨。曰**節飲食**，易之象辭，養小失大，孟子所譏。**口能致病**，亦敗爾德。（註二）

忽思慧《飲膳正要》凡三卷，第一卷即為〈養生及飲酒避忌〉：

凡熱食有汗，勿當風；夜不可多食，臥不可有邪風。凡食訖溫水漱口，令人無齒疾，一日之忌，**暮勿飽食**；立不可久，立傷骨；坐不可久，坐傷血。行不可久，行傷筋；臥不可久，臥傷氣。視不可久，視傷神；食飽勿洗頭，生風疾。沐浴勿當風，腠理百竅皆開，切忌邪風易入。大風、大雨，大寒、大熱，不可出入妄為。口勿吹燈火，損氣。

凡日光射，勿凝視，損人目。坐臥勿當風、濕地。**夜勿燃燈睡**，魂魄不散。**怒不可暴怒**，生氣疾。**朝不可虛，暮不可實**。凡早皆忌空腹。凡夜臥，兩手摩令熱，**摩面**。凡清旦、夜刷牙，齒疾不生。凡夜臥，**披髮梳百通**，平日頭風少。凡夜臥，**濯足而臥**，四肢無冷疾。不怒，百神安暢；不惱，心地清涼；樂不可極，慾不可縱。**酒**，味苦甘辛，大熱，有毒。主行藥勢，去惡氣，通血脈，消憂愁。**少飲尤佳，多飲傷神損壽，易人本性**，其毒甚也。醉飲過度，喪生之源。飲酒不欲使多，成痰疾。**醉勿酩酊大醉，即終身百病不除。酒，不可久飲，恐腐爛腸胃**，漬髓，蒸筋。

醉不可當風臥，生風疾。醉不可露臥，生冷痺。醉而出汗當風，為漏風。醉不可強食、嗔怒。醉不可接房事，咳嗽，傷臟。醉不可高呼、大怒，令人生氣疾。醉不可便臥，內生積聚。空心飲酒，醉必嘔吐。

註一：《文淵閣四庫全書（凡一五〇〇冊）》，第七三八冊，《壽親養老新書》。

註二：上引《四庫全書》，第七四六冊，朱震亨《格致餘論》。

第十章　醫藥學家李時珍及其《本草綱目》

李時珍，字東璧，蘄州（屬今湖北蘄春縣蘄州）人，嘗築室於蘄州城東門外的雨湖，自號「瀕湖山人」，為明代享有盛名的醫藥學家。

李氏出身世醫，或傳其祖父是一位走串鄉戶，搖鈴求售藥草的草澤「鈴醫」；父親李言聞為當地一位名醫，博學經史，醫術精湛，品德高尚，長於醫脈針灸，曾任職太醫院，生育有二子一女，長男果珍，時珍為次子，女兒適柳氏。

時珍生於明武宗正德十三年（公元一五一八），終老卒於神宗萬曆二十一年（一五九三），享壽七十六歲。

他在世宗嘉靖十年（一五三一），十四歲時考中秀才，可惜在十七歲，二十歲，二十三歲時，先後三次前赴省城武昌參加鄉試（省試），都沒有考中而落榜。因此乃決定不再考科舉求取仕途功名而立志從醫，跟隨父親繼承家學，潛心醫術。在父親的指導下，勤奮學醫，腳踏實地，虛心求教，在醫藥的學理與應用上，有了很大的長進。

三十四歲那年，封藩於武昌的楚恭王朱氏，聞其醫術高超，醫德高尚，乃禮聘他擔任王府的奉祠兼醫藥事務；又因治癒楚恭王世子疾病而被王府推薦給朝廷，於太醫院擔任屬吏。於此，王宮浩瀚繁多的醫藥卷袟藏書與品種齊備的珍貴藥材，讓他打開眼界，增長許多本草醫藥的學識經驗；唯因職等不受重用，一年後即因故求歸。

回到家鄉故里，時珍以其優良醫術，繼續而廣大地為鄉民療疾治病，濟世救人。在長期的醫藥治療中，他發現舊有本草書籍的謬誤註釋及施藥法度的缺弊，乃決心增補重修本草，立志於論訂一本更加正確更新而圖文並茂的本草醫藥書冊。

自世宗嘉靖三十一年（一五五二），他三十五歲開始著手撰述，用最嚴謹的治學態度，不屈不撓的毅力精神，參考歷代本草及文史百家，跋涉山水，遍及大江南北，實地審查，走入民間，向醫藥名家、農人、漁民、樵夫、獵戶、鈴醫、藥人、道士、和尚、仙姑、遊人、婦女、王公妃妾、文人官吏、士卒工商等，虛心求教探詢，益見其採訪之寬廣，而所得益乃深入焉。

經過長期的實地調查証驗，搜集各種本草藥物標本，在二十七年後，明萬曆六年（一五七八），他六十一歲那年，歷三次修正考訂，終於著成《本草綱目》力作。兩年後，他親赴金陵（今南京）

太倉弇山園，拜訪當世文壇泰斗王世貞，懇請他替《本草綱目》新書賜寫序文，以添光彩而求立言不朽，更思借其響亮聲譽，而使《本草綱目》得以在朝廷民間受到注目重視。

由於此書凡一九〇萬字，屬大部頭書籍，一時之間，很難找得到書商願意出版；經其長子建中（中舉擔任教諭及知縣，為官清廉有名，朝廷欲調升雲南永昌府通判，以父親年老，未赴，謝恩奉親。）的辛苦奔走努力，終有金陵書商**胡承龍**獨具慧眼識貨，而決定出資刊印，此即世人所稱之《**本草綱目**》「**金陵本**」。

萬曆二十一年（一五九三），當《本草綱目》正在南京準備刊行之際，時珍因年老體衰，心懷牽掛書稿的印刊，竟與世長辭，令人無比的遺憾。

謝世後三年，次子建元含淚敬謹遵父遺願，將父親遺表及《本草綱目》一書，上呈神宗皇帝，上批留覽，嘉之，命刊行天下。

《明史》〈藝文志〉記有「李時珍《本草綱目》（一書，用力深入。）又，〈方技傳〉載有〈李時珍傳〉；清・康熙《欽定古今圖書集成・醫部全錄醫術名流》錄有〈李時珍列傳〉；乾隆《四庫全書（文淵閣本一五〇〇冊）》第七七二—七七四冊登錄有李時珍《本草綱目》。《四庫全書》提要稱譽：「是編取神農以下諸本草薈成書，複者芟之，闕者補之，偽者糾之……蓋集本草之大成者。」

茲附錄《明史》〈李時珍傳〉如下：

李時珍，字東璧，蘄州人。好讀醫書，醫家《本草》，自神農所傳，止三百六十五種，梁陶弘景所增亦如之，唐蘇恭增一百一十四種，宋劉翰又增一百二十種，至掌禹錫、唐慎微輩，先後增補合一千五百一十八種，時稱大備。然品類既煩，名稱多雜，或一物而析為二三，或二物而混為一品，時珍病之。乃窮搜博採，芟煩補闕，曆三十年，閱書八百餘家，稿三易而成書，曰《本草綱目》。增藥三百七十四種，匣為一十六部，合成五十二卷。首標正名為綱，餘各附釋為目，次以集解詳其出產、形色，又次以氣味、主治附方。書成，將上之朝，時珍遽卒。未幾，神宗詔修國史，購四方書籍。其子建元以父遺表及是書來獻，天子嘉之，命刊行天下，自是士大夫家有其書。時珍官楚王府奉祠正，子建中，四川蓬谿知縣。

《本草綱目》凡五十二卷，撰成於神宗萬曆六年（一五七八），**共收醫藥品一八九二種**，其中原有舊藥一五一八種，新增品三七四種，**另附藥品圖一千一百多幅**。

體例分列水，火，土，金石，草，谷，菜，果，木，服帛器物，蟲，鱗，介，禽，獸，人等**十六部**，以醫藥正名為「綱」；下附釋名、集解、正誤、修治、氣味、主治、發明、附方等項，是為「目」，綱目分明，清晰詳要。此書一改舊昔本草藥物上、中、下三品分類法，創新分為礦物、植物、動物；由無機到有機，自簡單到複雜，從低級到高級，甚為科學先進，尤富生物進化觀念，連十九世紀的英國進化論專家學者達爾文都受其啟發，稱譽之為「中國的一部百科全書」。（涵括地質礦物，農林畜漁業，食品營養，治金化學等）

《本草綱目》「金陵本」刊行後，許多客寓留住中國的歐美傳教士，多購置翻譯成外文本；國內也陸續出現有江西巡撫夏良心的「江西刊本」及武昌，武林（杭州）、合肥、上海等刊本，可見其濟助人世而倍受重視情形。

之後，受其啟發，先後又有繆希雍《神農本草經疏》（一六二五），汪昂《本草備要》（一六四九），張璐《本草逢原》（一六九五），葉天士（葉桂）《本草經解》（一七二四），吳儀洛《本草從新》（一七五七），陳念祖（修園）《神農本草經讀》（一八〇三），趙學敏《本草綱目拾遺》（一八六四）等名家注疏解讀本傳於世。

王世貞序《本草綱目》文略謂：

楚蘄陽李君東璧，一日過予弇山園謁予，留飲數日。予觀其人，晬然貌也，癯然身也，津津然譚議也，真北斗以南一人。解其裝，無長物，有《本草綱目》數十卷。謂予曰：時珍，荊楚鄙人也……書考八百餘家，稿凡三易，舊本一千五百一十八種，今增藥三百七十四種，分為一十六部，著成五十二卷，僭名曰《本草綱目》；願乞一言，以託不朽。予開卷細玩，每藥標正名為綱，附釋名為目，……博而不繁，詳而有要，綜核究竟，直窺淵海。茲豈僅以醫書覯哉，臣民之重寶也。（註一）

《本草綱目》〈卷一序例上〉附錄李時珍所主要參考歷代諸家本草，如《神農本草經》，《名醫別錄》，《吳（普）氏本草》，《唐本草》，《備急千金方良治》，《食療本草》，《本草拾遺》，《蜀本草》，《嘉祐本草》，《証類本草》，《本草衍義》，《湯液本草》，《本草發揮》，《本草蒙筌》等；又引據《內經素問》，《金匱玉函方》，《傷寒論》，《肘後方》，《李瀕．醫史》，《飲膳正要》，《格致餘論》，《奉親養老書》，《陳自明．婦人良方》及經史百家《抱朴子》，《淮南子》，《陸羽茶經》，《顏氏家訓》，《吐納經》，《稽康．養生論》等。

卷一下，序例藥物氣味、升降浮沈。卷二，相須相使相畏相惡相反諸藥，又敘**飲食禁忌**，如：「**螃蟹忌柿子；蔥、韭忌（蜂）蜜**」等。卷三、四，論百病主治藥。卷五，水部（阿井水等）。卷六，火部（艾火等）。卷七，土部（田中泥土等）。卷八－十一，金石部。卷十二—十九，草部。其中：

甘草：釋名「**國老**」，氣味甘、平、無毒；主治咽喉痛（甘草湯，小兒熱咳、遺尿；湯火傷，用甘草煎蜜塗擦。）

黃芪（耆）：甘、微溫，無毒；主治小便不通，老人便秘，胎動不安。

菊：功用清熱解毒，平、甘、明目。

王不留行：氣味苦、平、無毒；主治婦女乳少，服藥後，再吃豬蹄湯，助乳汁流出，為婦科發乳良藥。

海藻、昆布：鹹、寒、無毒；主治頸下腫硬，癭氣結核。

卷二十—二十五，谷部：

綠豆：甘、涼、無毒；主治：消渴，解熱毒。

卷二十六—二十八，菜部：

菠菜：甘、滑、無毒；主治：通血脈，開胸膈，益氣調中，止渴潤燥。

（靈）芝：有青、赤、黃、白、黑、紫六芝；主治：明目，補肝，安神，增強注意力；補中益氣，神志清，益脾胃；止咳益肺；利水道，益腎氣；益筋骨，利關節；療虛勞，益精氣。

甘薯：甘、平、無毒；補虛乏，益氣力，健脾胃，強腎陰。

冬瓜：主治消渴，煩亂，補肝明目。

苦瓜：苦、無毒，除邪熱，解勞乏，清心明目益氣壯陽。

卷二十九－三十三，果部：

櫻桃：調中，益脾，止痢。

椰子：益氣，止消渴，去熱。

卷三十四－三十七，木部：

杜仲：辛、平、無毒；主治腎虛腰痛，補肝，強筋骨，安胎，降血壓。

弱。

五加（皮）：主治風濕，虛勞，壯筋骨，順氣化痰，添精補髓。

枸杞：釋名天精、地骨、却老；主治：腎虛損，腰痛，房事衰弱。

卷三十八服器部。卷三十九—四十二，蟲部：

蜂蜜：甘、平、無毒；主治便秘，產後口渴（熱水調服即可）。

卷四十三—四十六，鱗介部：

真珠：釋名蚌珠；咸、甘、寒、無毒；安神，婦女難產（用珍珠末一兩，送酒服），又治痘瘡疔毒。

卷四十七—五十一，禽獸部：

豬：母豬蹄加水或加通草煮，飲服，主治婦女無乳；「如身覺熱並有微汗，即為有效。」

羊：主治寒勞虛弱，壯陽益腎，腎虛腰痛，補中益氣。

卷五十二，人部：

人乳：氣味甘、平；補脾益腎。

總之，李時珍的《本草綱目》博而不繁，詳而有要，非僅為醫藥治書，亦乃世人之重寶也，它集合明末以前歷代本草之人成，且開來世後賢本草續作之基礎，是中華藥學史上最豐富完備的資產寶庫。

註一：參閱節錄《文淵閣四庫全書》版本，第七七二冊，《本草綱目》。

第十一章 曹庭棟養生書《老老恆言》

曹庭棟，自號慈山居士，清代浙江嘉善人，生於康熙四十年（一七〇〇），歷康雍乾盛世，卒於乾隆五十年（一七八五），享有高壽八十六歲。在七十五歲時，自知其老閒披往籍，凡有涉養生者，隨筆所錄，聚之以類，題曰《老老恆言》。《清史稿》〈志一百二十二〉記載有：曹庭棟《老老恆言》，五卷。此養生書引用書目主要有：老子《道德經》，《呂（不韋）氏春秋》，葛洪《抱朴子》，《陸放翁詩》，《白樂天詩》，《顏氏家訓》，陸羽《茶經》，黃帝《內經素問》，蘇恭《唐本草》，《華佗五禽戲導引論》，《神農本草經》，陳藏器《本草拾遺》，嵇康《養生論》，高濂《遵生八箋》，寇宗奭《本草衍義》，甄權《藥性本草》，王好古《湯液本草》，李時珍《本草綱目》，孫思邈《千金要方食治》，孟銑《食療本草》，蘇頌《圖經本草》，汪昂《本草備要》，張元素《珍珠囊》，孫思邈《千金翼方》，忽思慧《飲膳正要》，葛洪《肘後方》，尤乘《壽世青編》，陶弘景《名醫別錄》，朱震亨《本草補遺》，宋代《太平聖惠方》，張仲景《傷寒論》，陳直《奉親養老書》等。《老老恆言》凡五卷，其序言略謂：

孟子曰：老吾老以及人之老。今吾七十有五，惟自知其老，自老其老。宋張耒曰：大抵養生求安樂，亦無深遠難知之事，不過**起居寢食**之間爾。隨事隨物留心體察，閒披往籍，凡有涉養生者，摘取以參得失，亦只就起居飲食瑣屑求之，隨筆所錄，聚之以類，題曰《老老恆言》。是即所謂及人之老，可自竭其力，各老其老，俾老者起居寢食，咸獲康寧之福，意若不自知其老，優遊盛世，以享餘年；吾之老與人之老，得同為太平安樂之壽民，豈非大幸與！

乾隆三十八年慈山居士曹庭棟於觀妙樓

謹摘錄書內五卷各篇之養生段落名句，一則便於讀者諸君閱賞玩味，再者利於筆者在第十二章結論，〈養生健康長壽之道〉據以引用，懇請方家名師鑒察寬諒為荷。

卷一《安寢篇》：入寢，將營為計慮舉念，漸除漸無；（先睡心，后睡目。）醒時，當轉動，使脈絡流通。**就寢即滅燈，則神守其舍，暗眠神晏如，不照耀目。頭，臥不覆首。腹本喜暖，**宜加意暖之，辨肚兜肚束，護腹腰命門，益多。

《晨興篇》：**已醒，乍起慎勿即出戶外；冬月起時，擁被披衣坐少頃**；晨起漱口，去濁生清；早晚臥漱兼行。**晨起叩齒**三百下，牢齒之法。每日**食淡粥**，生津快胃；陸放翁詩：「世人個個學長年，不悟長年在目前；臥得宛邱（北宋詩人張耒，倡食粥）平易法，只將食粥致神仙。」**日晴風定，背日光而坐，脊梁微暖，遍體和暢。**

《盥洗篇》：盥，洗手，洗髮曰沐，洗身曰浴；**髮宜多梳**，當風而沐，患頭風；**兩手宜常擦按摩面**。浴必開發毛孔，浴時易冒風邪，必于密室。枸杞煎湯具浴，令人不病不老。浴罷急穿衣，如稍覺冷，恐即感冒；風本宜避，浴后尤宜避。

〈飲食篇〉：熱食傷骨，冷食傷肺，**熱勿灼唇，冷勿冰齒**。午後即宜尤少食，釋氏（佛家）有過午不食之說；至晚更必空虛【晚吃少】。食不過飽，飲不過多。抱朴子曰：「食欲數而少，不欲頓而多。」凡食以少為益，多食反受傷，**少食以安脾**。華佗曰：「食物有三化，一火化，爛煮也；一口化，**細嚼**也；一腹化，入胃自化也。」食後微滓留齒隙，剔除務淨，煎茶，候冷連漱以蕩滌之。

〈食物篇〉：茶能解渴，飯後飲之，可解肥濃。【孫思邈《千金翼方》茗茶利小便，主消食；陸羽《茶經》：茶之為飲，去凝悶，去百節不舒；李時珍《本草綱目》：茗茶，清頭目，有力悅志，利大小腸，利小便。】

〈散步篇〉：坐久，即於室內，時時緩步，使筋骸經脈流通，兼增足力；**步則筋舒而四肢健**；懶步，難免久坐傷肉。飯後緩行數百步，搖動其身以消化食也。散步，須得一種可閒暇自如之態，散步所以養神。

〈晝臥篇〉：午眠既起，覺輕健；白樂天詩：「一覺閒眠百病消」；又云：「不作午時眠，日長安可度？」每日至子時熟睡，所以養陰。

〈夜坐篇〉：值月明時，推窗看月，事所恆有，然易感風露，受涼，夜氣暗侵，每為病根所伏。每夜欲睡時，繞室行千步，始就枕；行則身勞思息，動極而反於靜，亦有其理。

卷二〈燕居篇〉：精氣兩字俱從米，是精氣必資乎米；粥飯生精益氣之功大焉。人借氣以充其身，**所忌最是怒**，**傷氣足以傷身**，老年人**當思怒事與身孰重**；**一轉念**，**可以渙然冰釋**。衣可加則加，勿以薄寒而少耐；食可置即置，勿以悅口而少（稍）貪。天熱，以扇搧手心，心定自然涼。

〈省心篇〉：世情世態，少（稍）介意便生忿，**忿便傷肝**，徒損乎己耳。老也，戒之在得。去日長，來日短，堆金積玉，將安用之？然耗費反致匱乏，故節儉不可忘。**衣食二端**，**乃養生切要事**；食欲淡泊，衣但安體，即是養生之妙。年高則齒落目昏，耳重聽，步蹇澀，理所必致；因是怨嗟，徒生煩惱，須自幸人生到此地位；**壽為五福之首**，優遊杖履，獲福亦厚矣。

〈出門篇〉：邵子（邵雍）自言四不出：大風，大雨，大寒，大熱也。春秋寒暖不時，往往頃刻氣候迴異，乍暖猶可，乍涼即足為患。

〈防疾篇〉：五勞（久視久臥久坐久立久行）所傷，老人惟久坐久臥不能免，須以導引法，使血脈流通。窗門隙縫之風，逼於隙而出，分外尖利，中人，所傷更甚，慎毋以風微而少耐之。飽食後不得即行，急行則氣逆，食物難化，且致痞塞。

〈慎藥篇〉：【治已病，不若治未病。】以方藥治未病，不若以起居飲食調攝於未病。宜淡食，老年更以調胃為切要。人乳汁，老人調養之品，無過於此。

〈消遣篇〉：書畫發抒性靈，棋琴遣閒養性，詩句老友共賞，自適其興，展玩佳妙，心領神會，有自得之趣味在。院中植花木，四時不絕便佳，悅目賞心。階前大缸養金魚，觀魚之樂，怡情清目。烹茶，插花，時有小勞，筋骸血脈，乃不凝滯。

〈導引篇〉：導引（運動）之法，如八段錦，華佗五禽戲，宣揚氣血，展舒筋骸，老人易行者，有臥功，立功，坐功。

卷三〈書室篇〉：學不因老而廢，溜覽書冊，藉以遣散。每日清晨掃除一遍，室乃潔淨。卑濕之地不可居，梅雨時，尤宜遠濕熱。室前庭院寬大，舉目開朗，懷抱亦暢。

〈杖篇〉：杖即可步履借力，且使手足相顧；杖下須以銅鑲，方耐用久，下必微銳，着地不滑。

〈衣篇〉：肺俞穴在背，不可失寒暖之節，老人着背搭，護其背也，為乍寒之需。

〈鞋襪篇〉：內經曰：「膝者筋之府」，不可着冷，以致筋攣之患；又曰：「脈集於足下，聚於足心」故兩足四時宜暖，鞋必平坦輕軟。

卷四〈床篇〉：安床着壁，須衫木板隔之，能斂濕氣，頭臥處近壁，亦須板隔，否則壁土濕蒸，臥久令人病。

〈枕篇〉：枕太低太高不宜，酌高下，令側臥恰與肩平，即覺安舒。枕長，則反側不滯一處，**頭為陽，惡熱**；枕短臥得熱氣，便生煩躁。囊枕之物，綠豆皮可清熱，茶葉可除煩，惟通草為佳妙，鬆軟。**軟枕頭，暖蓋足，能息心，自瞑目**。

〈席篇〉：席柔軟，其寢息乃長，謂臥安能久寐也。

〈被褥篇〉：被取暖氣不漏，故必闊大，使兩邊可折；冬月冷，另以薄棉被兜住腳後蓋暖；夏月熱，夜半後，涼生，勿受涼。**褥久臥則實，就向陽處曬之，棉絮加鬆，終宵覺有餘暖**。

卷五〈粥譜說〉：粥能益人，老年尤宜，以為調養，偶資治疾；米用**粳**，以香稻為最。蓮粥，薏以仁粥，胡桃粥，**胡麻粥**，**枸杞葉粥**，綠豆粥，**燕窩**粥為上品，其次赤小豆（紅豆）粥，龍眼肉粥，**大棗粥**，**枸杞子**粥，牛乳粥，**烏骨雞汁**粥，海參粥，菠菜粥等。

總之，《老老恆言》自吾人日常生活的起居飲食，養身養心，散步運動，消遣嗜好，防疾慎藥等，細緻入微，保身健康，親自體驗，切實易行，為一本養生長壽之名著好書。

第十二章　養生健康長壽之道

中華養生文化，歷史悠久，淵源流長，琳瑯滿目，豐富繁多，多姿多彩，美不勝收；唯其精粹至要者，大體言之，概略約為：一、飲「食」有節，二、「衣」、「住」睡眠，三、「行」動（運動）與清靜結合，四、「育樂」嗜好興趣，五、全身上下養生。茲因預算經費，節省篇幅關係；敬謹依時代先後順序，顯現來龍去脈，摘要概述歷來養生名家之至理名言段落，懇請大雅君子，有以教之。

一、飲「食」有節養生

《黃帝內經・素問》：

上古之人，食飲有節，起居有常，不妄作勞，故能形與神俱，而盡終其天年，度百歲乃去。（第一篇）

聖人不治已病，治未病；不治已亂，治未亂。（第二篇）

味過於酸，鹹，甘，苦，辛，（則）……是故謹和五味。（第三篇）

脾胃者，倉廩之官，五味出焉。（第八篇）

地食人以五味，五色（黃、綠、紅、白、黑）脩明；五味入口，藏於腸胃，以養五氣，神乃自生。（第九篇）【常人宜攝取**甘藷地瓜**、鳳梨旺來、金瓜南瓜、橘子柳丁、木瓜、薑、**黃耆**、甘草、**蘋果醋**、烏龍茶、**蜂蜜**、**香蕉**、**高麗菜**、洋蔥、糙米、**黃豆味噌**等黃色蔬果食物；**花椰菜**、大小白菜、小黃瓜、

甘薯地瓜葉、**奇異果**、番石榴芭樂、芹菜、青椒、菠菜、絲瓜菜瓜、檸檬、九層塔、綠豆等綠色蔬果；**蘋果**、**胡紅蘿蔔**、**紅酒**、**枸杞子**、**紅棗**、西瓜、**番茄**、**紅葡萄**、紅莓、**櫻桃**、紅赤小豆等紅色蔬果；龍眼、椰子、**牛奶**、**燕麥**、豆腐、**大蒜**、冬瓜、白芝蔴、蓮子、**薏以仁**、銀耳白木耳、**金針菇**、山藥淮山、銀杏白果等白色蔬果食物；**黑芝麻**、昆布、海帶、**何首烏**、黑巧克力、**桑椹**、**黑木耳**等黑色蔬果食物。】

多食鹹，苦，辛，酸，甘，則……此五味之傷也。（第十篇）

胃者水穀之海，六腑之大源也；五味入口，藏於胃以養五臟氣。（第十一篇）

人以水穀為本，故人決水穀則死。（第十八篇）

五臟（肺心肝脾腎）者，皆稟氣於胃；胃者，五臟之本也。（第十九篇）

五穀為養，五果為助，五畜為益，五菜為充；此五者，有辛酸甘苦鹹，各有所利。（第二十二篇）

五味所禁，辛走氣，鹹走血，苦走骨，甘走肉，酸走筋，是謂五禁，無令多食。（第二十三篇）

胃者，六腑之海，胃不和，則臥不安。（第三十四篇）

飲食不節，故時有病也。（第四十篇）

五臟者，故得六腑與為表裏。（第六十二篇）

《老子道德經》：

是以聖人治，實其腹（第三章，安民）

五味令人口爽。（第十二章，為腹）

為之於未有，治之於未亂。（第六十四章）

《論語・鄉黨篇》

膾不厭細，魚餒而肉敗，不食；色惡，不食；臭惡，不食；失飪，不食；不時，不食；唯酒無量，不及亂；不撤薑食，不多食。

〈孔子家語〉：「飲食不當，寢處不適，勞逸過度，疾共殺之。」

《禮記・禮運篇》：

飲食男女，人之大欲存焉。

《荀子》：

肌而飲食，是人之所生而有也。

《呂氏春秋・貴生》：

口雖欲滋味，無以烈味重酒；肥肉重酒，命之曰爛腸之食。

《韓非子》：

夫厚酒肥肉，甘口而病形，故去甚，身乃無害。

王充《論衡》：

醉酗，亂身。

華陀《食論》：

食物有三化：一火化，煮爛也；一口化，**細嚼**（慢嚥）也；一腹化，入胃自化也。

葛洪《養生論》：

善養生者，除害，可以延駐於百年，損滋味，勿強食，勿強飲，強食則脾勞，強飲則胃脹；體欲常勞，食欲常少；勞勿過極，少勿過飢；朝勿空心，夜勿飽食【早吃好，午吃（八分）飽，晚吃少，人難老】；上士全修延壽命。

《抱朴子．內篇》：

養生以不傷為本，以不損為延年之術。

飲食失節，溫涼失度，脾為之病。

五谷（穀）能治人，得之生，絕之死。

沈醉嘔吐，傷也。

《抱朴子外篇‧酒誡》：

畏酒如畏風，憎醉如憎病，不欲飲酒當風。

孫思邈《千金方‧虛損論》：

凡人不終眉壽，皆由不自愛惜。【吾人宜珍攝善自**少肉多蔬**、**少糖多果**、**少鹽多醋**，少食多嚼；少車多步、少言多行；少欲多施、少憂多眠。】

安身之本，必資於食。不知食宜者，不足以全生。

莫強食，莫強飲，食畢當行步，【飯後走一走，活到九十九】則食易消化，大益人，得長生。食畢，以手摩腹，能除百病。

飲食即臥，不消（化）成積聚，乃生百病。

若貪味，大飽，腹中短氣，或致暴疾。

食欲數而少，不欲頓而多。

食須細嚼【慢嚥活動三十下，利潤滋生唾液分泌消化酶；「活」字乃「舌」加「水」也。】，熱無灼唇，冷無冰齒。

養老，忌（食）強咬堅硬，致折齒斷。

夜飽損一日之壽，夜醉損一月之壽。慎之！

〈孫思邈真人衛生歌〉：

人間五福壽為最，養生切要知三戒：大怒大欲並大醉。

飲酒可以陶性情，大飲過多防有病。養體須當節五辛，五辛不潔反傷身。

〈孫真人養生銘〉：

再三防夜醉，醉，切防臥風中；醉後飽食成疾。

飲酒吐逆，損年壽；飲酒不欲使多，多則速吐；勿令至醉，終身百病不除。**久飲酒，腐爛腸胃，傷神損壽**。

不得夜食，夜勿過醉飽，莫強食，強飲，皆損壽命。

〈宋・真德秀（西山）衛生歌〉：

飲酒莫教令大醉，大醉傷神損心志。

宋・張杲《醫說》：

五味過，則致病；食謹勿過多，飽勿便臥；脾喜溫，不可以冷熱犯之。

醉飲過度，毒氣攻心，穿腸腐脇，喪生之源也。

老人於四時之中，常宜溫食；飲食須用緩。

粥能暢胃生津液，僧家五更食粥，良有以也。

食白粥，能推陳致新，利膈養胃。

暮餐不如晨餐【晚餐少，欲活九十九，晚餐少一口；想要老而安，少吃夜間餐。】

宋《太平御覽》：

養生不能斟酌得中，反以為患；口腹不節，致病之因；食不欲急，急則傷脾。

鄒鉉《壽親養老新書》：

薄滋味，慎飲食，自護愛，年壽百歲；戒夜飲，食味和調，百疾不生，保生長年。

朱震亨《格致餘論》：

因縱口味，五味之過，病疾蜂起。

節飲食，（否則）養小失大，孟子所譏；口能致病，亦敗爾德。

元．忽思慧《飲膳正要》：

朝不可虛（空腹），暮不可實（飽食）；酒，少飲為佳，多飲傷神損壽，易人本性，其毒甚也。醉飲過度，喪生之源；**飲酒不欲使多，恐腐爛腸胃**，勿酩酊大醉，終身百病不除。

【乾杯，易造成「肝悲」—肝硬化，慎之！】

明·高濂《遵生八箋》：

飲食，活人之本也，人生由於飲食，穀氣充則血氣盛，筋力強；飲食務淡泊，養生之道矣。

明·龔廷賢《壽世保元·飲食》：

養生之道薄滋味，節嗜欲，**食唯半飽無兼味**，**酒至三分莫過頻**，不欲食後便臥，常以手摩腹；緩行數百步以消化。

飲食不過多，多則結積；飲食常令溫暖；人知飲食所以養生，不知飲食，失調，足以害生。酒飲過多則耗傷血氣，傷脾胃亂性。

清・李毓秀《弟子規》：「食適可，勿飲酒，飲酒醉，最為醜。」

清・乾隆（享年八十八米壽，最長壽皇帝）的養生秘訣是「十常四勿」，其中「四勿」之一即為「飲勿醉」。

清・尤乘《壽世青編・清心》：

酒氣財色傷人，多少英雄被惑！

清・曹庭棟（慈山）《老老恒言》：

食可置即置，勿以悅口而少貪。

茶能解渴，飯後飲之，可解肥濃。【中華茶文化中，以西湖龍井、蘇州碧螺春、黃山毛峰、六安瓜片、河南信陽毛尖、安溪鐵觀音、洞庭湖君山銀針、祁門紅茶、貴州都勻毛尖、安徽太平猴魁、武夷山岩茶、廣東鳳凰水仙單欉、四川蒙頂山茶、廬山茶，最為知名養生。】

現代人已知人體欲養生健康長壽須有蛋白質、脂肪、礦物質、水、維他命與炭水化合物等六種營養素；常人宜每天飲八大杯約攝氏30度涼開水2500CC左右，尤其**睡前與睡醒起床，一定要喝一兩杯水，預防血質濃稠黏濁，且有利順暢大小二便。**

二、「衣」、「住」睡覺生活起居：

《黃帝內經．素問》：

起居有常，不妄作勞，故能形與神俱，而盡終其天年，度百歲乃去。（第一篇）

有至人者，和於陰陽，調於四時，積精全神，益其壽命而強者也。（第二篇）

春夏夜臥早起，廣步於庭，以使志生，生長之道也；秋，早臥早起，養收之道也；冬，早臥晚起，必待日光，養藏之道也。（第二篇）

天有四時五行，以生養收藏，寒暑過度，生乃不固。（第五篇）

久視傷血，久臥傷氣，久坐傷肉，久立傷骨，久行傷筋，是謂五勞所傷。（第二十三篇）

怒則氣逆，甚至嘔血及飧泄（下痢），氣上矣；悲則心系急；恐則精卻；驚則心無所倚，神無所歸，慮無所定，氣亂矣；勞則喘息汗出，氣耗矣。（第三十九篇）

風者，百病之始也，百病之長也；至其變化，乃為他病也。（第三及第四十二篇）

人之所有者，血與氣耳；血氣者，人之神，不可不謹養；血氣不和，百病乃變化而生。（第六十二與第二十六篇）

《禮記．禮運篇》：「飲食、男女，人之大欲存焉。」

《孟子．告子篇》：「食、色，性也。」

《呂氏春秋》：

畢數之務，在乎去害。

大寒、大熱、大燥、大濕、大風、大霧，生害矣。

《抱朴子．內篇》：

寢食失時，傷也。【善養生者，**宜晚上十一時，子時就寢入睡；**至丑時，午夜一時至三時，熟睡。又午時，中午宜小憩片刻。】

不露臥星下，不當風臥濕。

力所不勝而強舉，傷也。

不欲甚勞甚逸，勞逸過度，自貽茲患。

大風大霧，大寒大熱，皆不欲冒之。

人不可以陰陽不交，坐致疾患；唯若縱情恣欲，不能節宣，則伐年命。

養生以不傷為本，以不損為延年之術。不可以小傷為無傷而不防；養生之道，在不傷不損而已。

孫思邈《千金方》：

眠食二者，為養生之要務。時慎脫著，凡人旦起，著衣。春衣不可薄衣，令人傷寒，不可當風臥，即得病，損年壽。

勿濕縈髻，勿濕頭臥。冬夜勿覆其頭，得長壽。

男不可無女，女不可無男，無女則意動，神勞損壽；強抑之，損也。養老（起居）宜避大風、大雨、大寒、大暑、大露、大雪，能不觸患者，是大吉祥也。

莫強舉重，莫大憂思，莫大怒，莫悲愁，莫大懼，莫大哀慟。

多欲、多事、多愁、多怒、多好、多惡，不除，喪生之本也。

量力行，但勿令氣乏氣喘而已。

孝子須深知食、藥二者，先命食以療之，食療不癒，然後命藥。

《孫真人衛生歌》：

春寒莫教棉衣薄，夏月汗多需換著；秋冬冷衣漸加添，莫待病生才服藥。

坐臥切防腦後風，腦內入風，人不壽。

〈孫真人養生銘〉：

平居，第一戒晨嗔，怒甚偏傷氣，勿悁悁懷忿恨，損壽命。

〈宋・真德秀（西山）衛生歌〉：

默寢暗眠，神宴如。

避風如避箭，坐臥當預防患。

蘇東坡：

善養生者，慎起居，能逸而能勞，導引關節，步趨動作，使其四體狃於寒暑之變。

《壽親養老新書．保養》：

將護之方，須在閒日安不忘危。

冷謙《修齡要旨．起居調攝》：

髮宜多梳，目宜常運，耳宜常凝，胸宜常護，腹宜常摩。

清．尤乘《壽世青編》：

起居，防風寒，是為切要。春宜棉衣晚脫，不可令背寒。【所謂：吃過五月粽，再將毛衣送。】

慎起居，日間紛擾，心神散亂，全賴夜間（睡眠）休息，以復元氣。

軟枕頭，暖蓋足，能息心，自瞑目。

睡側而屈，覺正而伸；久坐臥濕地，腎為之病；臥處不可以首（頭）近火（爐），恐傷腦。【頭清涼，腳溫暖，睡自安。古人未發明電燈，現代人宜熄燈睡眠，安定心神；如為了安全著想，宜使用夜間小燈泡。】

曹庭棟（慈山）《老老恒言》：

衣可加則加，勿以薄寒而少耐。

平日燕居在乎善養，**所忌最是怒**，怒心一發，則氣逆而不順，窒而不舒；**傷氣即足以傷身**，雖事值可怒，當思事與身孰重？一轉念間，可以渙然冰釋。【讓三分風平浪靜，退一步海闊天空。】

晨興乍起，慎勿即出戶外。【覺醒不可突然驟起，下床出外；避免腦血管突然壓縮破裂，中風。】如值日晴風定，背日光而坐，背梁得有微暖，能使遍體和暢，壯人氣，極為有益。【陽光經由皮膚可製出維他命D，強健骨骼而防骨質疏鬆。】

三、「行」動（運動）與清靜中和結合：

《黃帝內經・素問》：

有真人者，呼吸精氣，獨立守神，其道生；有至人者，淳德全道，積精全神，益其壽命而強；有聖人者，不勞形於事，以恬愉為務，亦可以百數。（第一篇）。

聖人為無為之事，樂恬憺之能，從欲快志於虛無之守，故壽命無窮。（第五篇）

《易經》：

天行健，君子以自強不息。

時行則行（動），時止則止（靜），**動靜不失其時**。

《老子道德經》：

見素抱樸，少私寡欲。（十九章樸素）

清靜為天下正。（四十五章清靜）

聖人云：我無為而民自化，好靜而民自正，無事而民自富，無欲而民自樸。（五十七章）

《論語．雍也篇》：

智者樂水，仁者樂山；智者動，仁者靜；智者樂，仁者壽。

又孔門心法，不偏謂之「中」，天下之正道也。

《禮記》：

一張一弛，文武之道也。

《莊子．刻意篇》：

吹呴呼吸，吐故納新，熊經鳥伸，為壽而已矣；此道（導）引人士，養形之人，彭祖壽考者之所好也。

《呂氏春秋》：

流水不腐，戶樞不朽，動也。

《華陀・別傳》：

人體欲得勞動，但不當使極耳。

動搖流通，病不得生，譬猶戶樞，終不朽也。

《淮南子・精神訓》：

故真人所遊，若吹呴呼吸，吐故納新，熊經鳥伸，鳧浴猨躍，鴟視虎顧，是養形之人也。

以恬憺養性，故聖人恬愉虛靜，以終其命。

葛洪《養生論》：

善養生者，薄名利，保和全真；體欲常勞，勞勿過極；常以寬泰自居，恬淡自守，則心神安寧，災害不干，上士全修延壽命。

陶弘景《養性延命錄》：

能遊心虛靜，息慮無為，則百年耆壽；張湛云：能動能靜，所以長生；能中和者，必久壽也。

孫思邈《千金方》：

須知調身按摩，搖動肢節，導引行氣。

明・張介賓（景岳）《類經》：

神守於中，形全於外；神全則身健，則病少；神形堅強，老而益壯。

明・龔廷賢《壽世保元》：

老人戒之在得，宜清心寡欲。

清・程國彭《醫學心語・保生》：

人之有生，唯精與神；精神不蔽，四體常春。

清・尤乘《壽世青編》：

療心在清心靜氣，淡然無為，長生之藥也。養生之要，首先寡欲，元氣有限，情欲無窮。養性以全氣，保神以安身。

清・曹庭棟《老老恒言》：

坐久，無所事，即於室內散步，使筋骸活動；散步須得一種閒暇自如之態，所以養神。

夜坐凝神於靜，欲睡，繞室行千步，始就枕，蓋行則身勞，思息，動極而返於靜，以動求靜，亦有其理。

四、「育樂」興趣養生：

興趣嗜好，因人而異；正當的育樂愛好，有益於人體身心健康，達致娛樂卻病，延年長壽。

孫思邈《千金翼方》第四十卷《退居・養性》：

人性非合道者，焉能無悶悶，則何以遣之？還須蓄數百卷書，易老莊子等，悶來閱之，殊勝悶坐。

宋・陳直《養老奉親書》（性氣好嗜篇）云：

凡人各有所嗜，見即喜之。有好書畫者，好琴棋者，好珍奇者，好禽鳥者，好佛事者，僻好不能備舉。

明・高濂《遵生八箋》云其書架置有：《周易》，《唐詩》，《五燈會元》，《傳燈錄》，《老子道德經》，《黃庭經》，《內經素問》，《証類本草》《千金方》，《丹溪心法》，〈蘭亭記〉，《孫過庭書譜》等。

清・曹庭棟《老老恒言》卷二（消遣）：

能詩者偶爾得句，與一、二好友共賞之，自適其興可也。書法名畫，古人手迹所存，即古人精神所寄，展玩其佳妙，到心領神會處，盡有自得之趣味在。

要之，育樂嗜愛，人人不同，唯最簡易價廉而自己居家即切實可行者，蓋為閱覽書籍詩詞與欣賞書法名畫兩者。

孫思邈《備急千金翼方》卷一《論大醫習業》即云：

> 凡欲為大醫，必須精諳《黃帝內經素問》、《本草》、張仲景等經方、《周易》；又須涉獵群書，五經三史，莊老諸子等，若能具而學，則於醫道盡善盡美矣。

明．李時珍在《本草綱目》（卷一序例上）即附錄其主要參考歷代諸家本草，如《神農本草經》，《本草經集注》，《備急千金方良治》，《証類本草》與《內經素問》，《傷寒論》，《金匱玉函方》，《飲膳正要》，《格致餘論》，《奉親養老書》及經史百家《抱朴子》，《淮南子》，《陸羽茶經》，《稽康養生論》等。

明．龔廷賢《養生延年箴》云：「詩書悅心，可以延年。」

曹庭棟《老老恒言》參讀引用書目主要有：《論語》，《道德經》，《呂氏春秋》，《抱朴子》，陸羽《茶經》，《黃帝內經素問》，《華陀五禽戲》，《神農本草經》，孫思邈《千金食治》，李時珍《本草綱目》，《飲膳正要》，陳直《奉親養老書》，尤乘《壽世青編》等。

謹就清・紀昀（紀曉嵐）等撰《文淵閣四庫全書簡明書目》；清・張之洞《書目答問》及梁啟超〈國學入門書要目〉，胡適〈一個最低限度的國學書目〉參考，或最可為知識分子及一般庶民大眾（宜挑選有白話文翻譯本，既省時又省心力）的中華文化中，可修身養性而宜讀之最低文史育樂醫藥養生書籍要目蓋為：《易經》，《老莊》，《論語》，《孟子》，《史記》，《漢書》，《後漢書》，《三國志》（前四史），《黃帝內經・素問》，《昭明文選》，《文心雕龍》，孫思邈《千金方》，〈般若波羅蜜多心經〉，《全唐詩》（或《唐詩三百首》），陸羽《茶經》，《全宋詞》（或《宋詞三百首》），《**菜根譚**》，《本草綱目》，《古文觀止》，《史通通釋》，《文史通義》，《四庫全書總目提要》，《書目答問》等。

唐詩宋詞的育樂養生好詩佳詞有：李白〈將進酒〉（人生得意

需盡歡〉；崔顥〈黃鶴樓〉（昔人已乘黃鶴去）；**張九齡**〈**望月懷遠**〉（**海上生明月，天涯共此時**）；李紳〈憫農詩〉（誰知盤中飧，粒粒皆辛苦）；白居易〈憶江南〉（江南好，能不憶江南？）張繼〈楓橋夜泊〉（月落烏啼霜滿天）；王之渙〈登鸛鵲樓〉（欲窮千里目，更上一層樓）；崔護〈題都城南莊〉（去年今日此門中，人面桃花相映紅）；杜秋娘〈金縷衣〉（勸君莫惜金縷衣）；孟郊〈遊子吟〉（慈母手中線）；林升〈西湖〉（山外青山樓外樓）；蔣捷〈虞美人〉（少年聽雨歌樓上）；**蘇東坡**〈赤壁懷古〉（大江東去），〈永遇樂〉（明月如霜，好風如水），〈**水調歌頭**〉（**明月幾時有，千里共嬋娟**）；辛棄疾〈醜奴兒〉（少年不識愁滋味，卻道天涼好個秋）；晏殊〈浣溪沙〉（似曾相識燕歸來，小園香徑獨徘徊）；晏幾道〈臨江仙〉（落花人獨立，微雨燕雙飛）；歐陽修〈生查子〉（月上柳梢頭，人約黃昏後）；范仲淹〈蘇幕遮〉（碧雲天，黃葉地，秋色連波）；朱熹〈觀書有感〉（問渠那得清如許，為有源頭活水來〉；**邵雍**〈**安樂窩中吟**〉（**美酒飲教微醉後，好花看到半開時**）；張先〈天仙子〉（雲破月來花弄影）；禪僧〈偈頌〉（春有百花秋有月，夏有涼風冬有雪）；李清照〈一剪梅〉（月滿西樓，一種相思，兩處閒愁）；范成大（願我如星君如月，流光相皎潔，星常明，三五共盈盈）；翁森〈四時讀書樂〉（人生唯有讀書好，讀書之樂樂無窮）。（參閱《全唐詩》、《全宋詞》）及西漢・李延年〈佳人歌〉（北方有佳人）；五代・馮延巳〈長命女〉（如同梁上燕，歲歲常相見）；李煜〈虞美人〉（春花秋月何時了？恰似一江春水向東流），〈浪淘沙〉（流水落花春去也，天上人間！）元・管道昇〈我儂詞〉（你儂我儂）；明・羅貫中《三國演義・卷頭詞》（青山依舊在，幾度夕陽紅）；清・民國李叔同〈送別〉（長亭外，古道邊，芳草碧連天。）

唐・張彥遠《歷代名畫記》云：「書畫同源。」

歷代有名的書畫家如：東晉・**王羲之**（書聖）的〈**蘭亭集序**〉，

〈快雪時晴帖〉；王獻之〈鴨頭丸帖〉、〈中秋帖〉；**顧愷之**〈**女史箴圖**〉。南朝・張僧繇〈翠嶂瑤林圖〉。唐・韓幹〈牧馬圖〉；唐太宗〈晉祠銘〉，唐高宗〈紀功頌〉；歐陽詢〈九成宮醴泉銘〉，褚遂良〈大唐三藏聖教序〉，〈雁塔聖教序〉，〈房玄齡碑〉；虞世南〈孔子廟堂碑〉，顏真卿〈多寶塔碑〉。唐五代・韓熙載〈夜宴圖〉，五代・徐熙〈花鳥畫〉，五代・**范寬**〈**谿山行旅圖**〉。宋徽宗「瘦金體」書法，蘇東坡〈黃州寒食詩帖〉，黃庭堅〈松風閣詩卷〉，米芾〈將之苕溪帖〉，**張擇端**〈**清明上河圖**〉，郭熙〈早春圖〉。宋元・**黃公望**〈**富春山居圖**〉，趙孟頫（子昂）〈歸去來辭帖〉。明・文徵明〈蘭亭修禊圖〉，〈烹茶圖〉；董其昌《行草書卷》，〈李白月下獨酌〉，〈秋山圖〉。明清・八大山人《山水花鳥畫冊（題字）》，石濤（苦瓜和尚）《山水花卉畫冊（題字）》，鄭板橋〈竹圖〉等，皆為千百年流傳佳帖名畫，值得吾人溜覽娛樂，細細品賞，玩味再三。

人生到了中老年，宜學會「**加減乘除**」**養生之道**：**加**多蔬果，加強散步運動健身，加多梳頭髮按摩百會穴及腳底湧泉穴。**減**少脂肪、高糖、鹽分煙酒、減少憤怒。加**乘**廣交「益友」，育樂熱愛生活，返老還童，老當益壯，青春永駐，容顏悅人（夕陽無限好，彩霞開滿天）。**除**去物欲，「戒之在得」，除煩惱悲愁；身心健康愉悅，長壽樂而忘憂，「不知老之將至矣。」

五、全身上下部位養生

《黃帝內經素問》：

肝、心、脾、肺、腎（為）五臟，膽、胃、大腸、小腸、膀胱、三焦（為）六腑。（第四篇）

心，君主之官；肺，相傅之官；肝，將軍之官；膽，決斷出焉；脾胃，倉廩之官，五味出焉。大腸，傳導之官；小腸，

受盛之官，代物出焉；腎，作強之官，伎巧出焉；膀胱，津液藏焉，氣化則能出矣。（第八篇）

心者生之本，其華在面。肺者氣之本，腎者精處也，其華在髮。肝者罷極之本，脾胃倉廩之本。（第九篇）

頭者精明之府，腰者腎之府，膝者筋之府，骨者髓之府。（第十七篇）

心藏神，肺藏氣，肝藏血，脾藏肉，腎藏志。（第六十二篇）

北齊・顏之推《顏氏家訓・養生》云：「吾嘗患齒，搖動欲落，飲食熱冷，皆苦疼痛，見《抱朴子》牢齒之法，早朝建齒，三百下為良，行之數日，即便平復，今恒持之。」

隋唐・巢元方《諸病源候論》云：頭頂有「百會穴」，**髮為腦**

之華，千過梳頭，頭不白。常叩齒，齒牢。

明・冷謙《修齡要旨》：

睡醒，熨眼，運目，叩齒，鳴天鼓，吸清吐濁（用腹式呼吸氣）；面宜多擦，髮宜多梳，目宜常運，耳宜常凝，齒宜常叩，津宜常嚥，心宜常靜，神宜常存，背宜常暖，腹宜常摩，胸宜常護，摩臍擦背，頭邊勿安火爐，睡時側曲而臥，樂在其中矣。

清・尤乘《壽世青編》：

思慮傷心，憂悲傷肺，忿怒傷肝，飲食傷脾，淫慾傷腎。澄其心而神自清，寡欲，養心之法；調息，肺自全；養肝之要，在乎戒忿，是攝生第一法也；食飲節，脾不泄，茹素則脾胃厚。**髮宜多梳，面宜常擦，目宜常運，耳宜常荃，齒宜常叩，**

津宜常咽；腹宜常摩，背宜常暖，足宜常擦湧泉。

中華第一長壽皇帝乾隆的「十常」養生秘訣為：常叩齒，常咽津，常彈耳，常揉鼻，常運睛，常搓面，常摩足，常摩腹，常伸肢，常提肛。

頭髮的養生，除「髮宜常梳」及按摩「百會穴」外，「食療法」宜常食黑芝麻、昆布海帶、桑椹、何首烏等。

眼睛的養生，除「目宜常運（運睛熨目）」外，「食療法」宜常吃含維他命A食物，如紅蘿蔔、牛奶、黃綠蔬果，魚油、蕃薯、菠菜等。

耳朵的養生，要「耳宜常荃」，按摩輕彈耳部，鳴天鼓。

鼻臉的養生，宜「常揉鼻（迎香穴防治鼻塞、流鼻水）」，「常搓（擦）面。」

牙齒的養生，「常叩齒」外，宜常刷牙漱口。（孫思邈《千金要方》：每旦指齒及叩齒百遍，齒即牢密。）

胸腹腰背的養生，「胸宜常護，腹宜常摩，背宜常暖」外，「不可令背寒，寒則傷肺」，咳嗽流鼻水，喉嚨不舒服。「日晴風定，背日光而坐，脊梁得有微暖，遍體和暢，極為補益。」宜常俯仰、轉運腰部，「旁護腰，後護命門，取益良多。」背亦宜搓、捶按摩，保健養生。

五臟（肺心肝脾腎）的養生，肺宜避禦風寒，透過呼吸、游泳等健肺。以調節心神養心，用運動強心，經絡健心。防止酒醉、動怒、過勞以護肝。飲食有節以養脾。不恣情縱欲，以中藥溫補腎而益精延壽。

手腳四肢的養生，要「常伸肢，摩足」，伸展運動，按摩四肢。

大小二便的養生，東漢・王充《論衡》：「欲得長生，腸中無滓，常清。」宋・蘇東坡云：「要長生，大便清，小便潔。」曹庭棟《老老恒言》說：「小便唯取通利。」可知大小便的通暢清利，有益於健康長生。

足心湧泉穴的養生，俗云：「頭涼腳暖，身心平安」，又云：「竹從葉上槁，人自腳先老；雙腳如樹根，治腳益全身。」可見足部的養生保健，極為重要。身體各部位在腳底皆有其相對應的刺激反射區域，早晚按摩泡腳湧泉穴（腳底凹陷處），不但可消除疲勞，恢復體力，尤其在**睡前搓摩此「長壽穴」，能利安眠健康，延年長壽。**

要之，吾人如能長期持續上述全身由上而下的部位健身養生，即能達到護腦益智，烏髮，聰耳，明目，養顏美容，護鼻，固齒，安心，養神，保健五臟六腑，強筋骨，提增腳力，輕身難老，「有病治病，無病養生」的效果而身心康健，延年益壽。

杜甫詩云：「人生七十古來稀」，但透過養生健康之道，現代人早已「人生七十不稀奇」了。

《尚書》（洪範篇）：「五福：一曰壽，二曰富，三曰康寧，四曰修好德，五曰考終命。」

〈孫真人衛生歌〉且云：「五福壽為最。」

健康而長壽，才是吾人真正至要財富；沒有健康，自然心情低落，無精打采；而金錢財寶、權勢地位，婚姻家庭，都將黯然失色，失去意義。

請記得在人生的「存摺簿」裏，只要有持續不斷的**養生**儲存「登錄」，自然就會保有老身老本的「本金」及「利息」。

祝福您五福臨門，身心壽富康寧，讀書積德有福報，闔家幸福美滿，養生，長命百歲，呷百廿！

參考書目

《永遠向前—紀政的人生長跑》　刁明芳、謝其濬　天下遠見文化事業　二〇〇三年三月
《中醫養生學》　王玉川等　知音　二〇一〇年十二月
《中國名醫名著名方》　王云凱主編　河北：河北科技出版社　一九九三年八月
《古今食養食療與中華文化》　王明輝等　北京：中國醫藥科技出版社二〇〇一年二月
《李時珍研究集成》　北京：中醫古籍出版社　二〇〇三年八月
《張仲景研究集成》　北京：中醫古籍出版社　二〇〇四年九月

《孫思邈研究集成》　北京：中醫古籍出版社　二〇〇六年一月
《黃帝內經研究集成》　北京：中醫古籍出版社　二〇一〇年七月
《李時珍醫學全書》　北京：中國中醫藥出版社　一九九九年八月
《龔廷賢醫學全書》　北京：中國中醫藥出版社　一九九九年八月
《朱丹溪醫學全書》　北京：中國中醫藥出版社　二〇〇六年一月
《古老的中國醫學》　王樹岐等　緯揚　一九九〇年七月
《古今圖書集成醫部全錄》（收錄張機，華陀，吳普，樊阿，孫思邈，李杲，朱震亨，李時珍、繆希雍、張介賓等。）　臺北：新文豐出版公司　一九七九年八月
《四庫全書・醫家類》（文津閣版本）凡一五〇〇冊之第七三三—七八五冊；收錄《黃帝素問》，《金匱要略》，《傷寒論》，《肘後備急方》，《諸病源候論》，《千金要方》，《壽親養老新書》，《証類本草》，《湯液本草》，《格致餘論》，《本

草綱目》，《類經》，《景岳全書》，《醫學源流論》等。臺北：臺灣商務印書館 一九八三年六月
《中國醫學史》 史仲序 臺北：正中書局 一九八四年五月
《乾隆養生之謎》 向 斯 北京：文化藝術出版社 二〇〇六年八月
《維他命AtoZ》 朱 潔、于 月 香港：萬里書店 二〇〇七年三月
《悠然集・健康篇》 李福登 人生書局 二〇〇九年十月
《古代醫家列傳釋譯》 李書田 遼寧大學出版社 二〇〇三年十一月
《從頭到腳談養生》 李 青 江西科技出版社 二〇一六年十月
《中國人的養生之道》 李永成等 河南人民出版社 一九九二年十二月
《黃帝內經素問新釋》 吳家鏡 正言 一九九五年十一月
《藥王孫思邈道醫養生》 巫懷征等 山西科技出版社 二〇〇九年一月

《中國醫藥史話》　臺北：明文書局　一九八三年七月
《中國醫藥學史話》　臺北：明文書局　一九八四年十二月
《新譯老子道德經》　林安梧　道教總廟玉清宮印行
《飲食養生》　孟景春等　臺北：建宏書局　一九九三年十一月
《養生長壽詞解》　姚品榮、陳安槐　浩園　一九九四年十月
《道教與中醫》　胡衛國、宋天彬　臺北：文津出版社　一九九七年八月
《古代名家養生法》　侯又白、丁青艾　北京：團結出版社　一九九〇年九月
《實用中國養生全書》　施杞、呂明芳　一九九〇年
《孫安迪再造免疫力（一—四冊）》　孫安迪　新北：自然風文化事業　一九九九年十一月
《孫安迪之身心靈養生醫學觀》　孫安迪　新北：自然風文化事業

《安迪養生功》 孫安迪 新北：自然風文化事業 二〇〇八年七月
《古今長壽之道》 耿洪森 臺北：國家出版社 二〇〇八年七月
《益壽保健衛生》 耿洪森 臺北：國家出版社 二〇〇八年七月
《神醫傳奇》 殷登國 新北：大村文化 一九九一年十二月
《中西醫嚴選健康食物》 陳旺全、吳明珠、黃淑惠等 臺北：時報文化出版 二〇一六年一月
《全食物養生法》 陳月卿 臺北：時報文化出版 二〇一〇年十月
《中國傳統醫學史》 陳勝崑 臺北：時報文化出版 一九七九年十月
《神效穴療》 陳旺全 臺北：原水文化 二〇〇三年十二月
《神效瘦身法》 陳旺全 臺北：原水文化 二〇〇五年四月
《中華養生全書》 陳 楠 北京：九洲圖書 一九九九年四月
《中國醫學史》 陳邦賢 臺北：臺灣商務印書館 一九八一年三月
《人體學習大百科》 淺野・伍郎 新北：三悅文化 二〇一〇年一月

《金元四大家與道家道教》　程雅君　成都：巴蜀書社　二〇〇六年十二月

《中醫古籍文獻學》　張灿珅　北京：人民衛生出版社　一九九八年四月

《道教養生》　張雪松　北京圖書館出版社　二〇〇六年十二月

《論養生與防病》　張琪　北京：科學出版社　二〇一五年一月

《黃帝內經養生全解》　張其成　臺北：商周出版社　二〇一〇年四月

《老老恒言白話解》　崔為、崔仲平　北京：人民衛生出版社　二〇一三年三月

《中國正統養生長壽術》　道玄子　中國瑜珈出版社　一九八九年七月

《中國歷代名醫列傳》　黃三元　八德教育文化　一九八一年十月

《新譯莊子讀本》　黃錦鋐　臺北：三民書局　一九八六年十一月

《醫藥史話》　傅維康等　臺北：知音出版社　二〇〇六年一月

《地球上最健康的150種食材》　曾育慧譯　臺北：商周出版社　二〇〇八年八月
《中國醫學史》　甄志亞　臺北：知音出版社　二〇〇三年九月
《中國古代醫學》　趙璞珊　北京：中華書局　一九九七年九月
《張仲景養生學》　趙鯤鵬　北京：中國醫藥科技出版社　二〇一三年六月
《中國歷代名醫名術》　劉祖貽、孫光榮　北京：中醫古籍出版社　二〇〇二年六月
《中國醫學史》　劉伯驥　華岡　一九七四年十月
《中國古代的醫學》　劉敬魯　臺北：文津出版社　二〇〇一年四月
《張仲景評傳》　鄭建明　南京大學出版社　二〇一一年四月
《養生秘譚》　曉仁　滿庭芳出版社　一九九二年十月
《中國古代醫藥衛生》　魏子孝、聶莉芳　臺北：臺灣商務印書館

一九九四年八月
《維他命聖典（Vitamin Bible）》　鍾東明譯　笛藤出版圖書公司
一九九三年七月
《養生長壽秘訣集成》　蕭天石　自由出版社　一九五六年六月
《壽世保元》　龔廷賢　北京：人民衛生出版社　二〇〇六年一月